順渠先生文録

〔明〕王道 著

日本尊經閣叢刊本

上

江蘇大學出版社
JIANGSU UNIVERSITY PRESS
鎮江

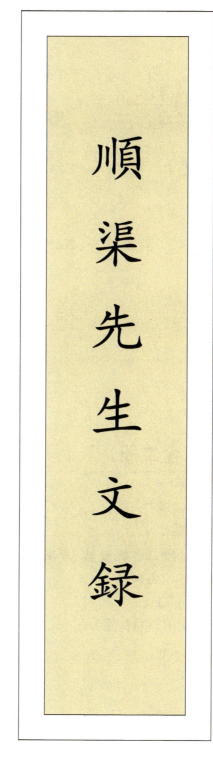

圖書在版編目（CIP）數據

順渠先生文録：全二册 / （明） 王道著．— 影印本
．— 鎮江：江蘇大學出版社，2018. 5
ISBN 978- 7- 5684- 0820- 2

Ⅰ．①順… Ⅱ．①王… Ⅲ．①王道－哲學思想－文集
Ⅳ．① B248. 99- 53

中國版本圖書館 CIP 數據核字（2018）第 091733 號

順渠先生文録（全二册）

著　　者/［明］王　道
責任編輯/張　冠　米小鴿
出版發行/江蘇大學出版社
地　　址/江蘇省鎮江市夢溪園巷 30 號（郵編：212003）
電　　話/0511-84446464（傳真）
網　　址/http://press.ujs.edu.cn
印　　刷/北京虎彩文化傳播有限公司
開　　本/850mm×1168mm　1/16
總 印 張/45.75
總 字 數/185 千字
版　　次/2018 年 5 月第 1 版　2018 年 5 月第 1 次印刷
書　　號/ISBN 978-7-5684-0820-2
定　　價/1800.00 元（全二册）

如有印裝質量問題請與本社營銷部聯繫（電話：0511-84440882）

出版説明

人是一種會思想的動物，無論是爲了適應環境，克服生存的困難，抑或爲了生活得更有意義，思想皆不可或缺。在一般的中文習慣中，思想的涵義比『哲學』更寬泛，這種語用習慣的差异，也影響到學者對學術視野的選擇。一般而論，思想史的範圍也較哲學史爲廣闊，雖然很少得到清晰地界定，但它不失爲一種有效的學術視野。

在近代中國學術史上，思想史研究的興起與哲學史大約同時。一九〇二年三月，梁任公在其創辦的《新民叢報》上連續發表了《論中國學術思想變遷之大勢》系列論文，這可能是最早由國人撰著發表的思想史論文。而第一本由國人撰寫的中国古代哲學通史，則爲一九一六年謝無量的《中國哲學史》。這兩本早期著述有其學術史的意義，但其中對學科的性質與研究方法等多無明確的説明。事實上，無論是學者的闡述，還是其實際的操作，在思想史與哲學史之間都不易劃出清晰的界限，直到當代也仍然如此。拋開細節不論，就語用習慣及有關實踐而言，思想史表徵一種對歷史文化廣闊而深入的關照，其研究方法，關注的問題，都較哲學史爲多元，史料基礎也不可同日而語。尤其是在郭沫若、侯外廬等人建立起來的研究傳統中，思想史有明确的社會史取向，或因其與傳統的文史之學有親和性，以至在今天，這種思路仍然很有生命力。

文獻發掘向來是思想史研究的基本環節。爲了促進有關研究，我們選輯多種文本編爲『中國古代思想史珍本文獻叢刊』。全編選目包括經典文本，如儒、道二家的經解，重要思想家作品的早期刻本，和某些并不廣泛受到關注的作家文集的舊刻本。本編中也選録了數種反映古代民俗信仰的文獻，如《關聖帝君聖跡圖志》等。這些文本在傳統的學術視野中，多以爲不登大雅之堂，在今日視之，或者正因其反映了古代社會一般的信仰氛圍，而有重要的文本價值。此外，本編也著意收録了數種通常被視爲藝術史史料的文本，如《寶綸堂集》、《徐文長文集》等，我們認爲對思想史關注而言，範圍與深度同樣重要。

選輯本編，也有文獻學上的意圖。中國古代有悠久的文獻學傳統，大量古籍文本的傳刻與整理造就了古代中國輝煌的古籍文化。本編收録的這些刻本不僅是古代學術發生、衍變的物質證據，也是古代古籍文化的重要部分。本編所收録的全部作品皆爲彩版影印，最大限度地保存了文獻的細節。其中有部分殘卷，視具體情況，或者補配，或者一仍其舊。本編的選目受制於編者的認識與底本資源，或者有不妥、不備之處，希望讀者不吝指正。

目録（十二卷）

順渠先生文錄總目

卷之一

說

天道說　性說

考

禘祫考

議論

六經

易非為卜筮而作　教刑

伊周　魯用天子禮樂

關雎　平王
鄭衛國風　豳風
采薇三詩　宣王
節彼南山　楚茨
文王　大明
清廟　思無邪
魯頌　商頌
春王正月　鄭世子忽
公伐齊納糾　禘于太廟
桓文　楚莊王

又　吳楚
諸侯會吳　郤至
晏子　太叔文子
季札　楚子麇卒
子產留環　許世子止弒其君買
齊侯取鄆　晏子論已亂
晉人執宋仲幾于京師
衛公孟彄出奔鄭
公會晉侯及吳子于黃池
春西狩獲麟　又

成王有過則撻伯禽

申生 子貢修李

季子皋葬妻 國子高論[illegible]

合葬于防

六經雅言

夫子作六經 費[illegible]論[illegible]

三易 無外傳[illegible]

周禮

錄卷一總目終

順渠先生文錄卷之一

說

天道說

或問道曰一陰一陽之謂道曰一陰一陽之謂道也理氣之別何居曰奚別之有哉盈天地間本一氣而已矣更無餘物方其混淪而未判也名之曰太極太初太一太始皆是一義又曰太和太虛太極者以其究竟至極而言也太和者以其絪緼野馬而言也太虛者以其清通無礙而言也其實一也迨夫醞釀既久升降始分動而敷施發用者則謂之陽靜而收斂歸藏者則謂之陰陰陽既立對待者

摩流行者盪有交易變易之義焉則謂之易因易之往來迭運而不窮也則謂之道因道之脉胳分明而不紊也則謂之理之數者名雖不同本一氣而已矣初無彼此先後之殊亦無有無賓主之辨矣别之有哉曰既曰一陰一陽之謂道又曰形而上者謂之道形而下者謂之器其不同若是何也曰奚不同之有哉一陰一陽之謂道即形而上者謂之道也何也陰陽一而已矣自大有形以下截而言之而有上下之别形而上者所以道器而藏其用故謂之道道者流行不息之義也形而下者所以呈道而為之體故謂之器器者各適其用之名

也大而論之則天地絪緼而萬物化醇絪緼者為道一陰一陽之謂道繼之者善是也化醇者為器成之者性與夫各正性命保合太和乃利貞者皆是也細而觀之則盈宇宙間紛紛萬有莫非陰陽之所為見而可見則謂之象形而有形則謂之器而形象以上視之而不見聽之而不聞而又體物而不可遺者則咸謂之道矣故曰陰陽不測之謂神語形而上者也張子曰氣有陰陽推行有漸為化合一不測為神而易曰窮神知化德之盛也夫神化一陰陽也陰陽之形而上者也仁者見之謂之仁知者見之謂之知百姓日用而不知窮神知化

唯聖人為能故曰德之盛也此伏羲之所以畫卦也斯理也聖人於易備言之矣曰然則理氣不雜不離之説非歟曰非也黑白相入曰雜彼已相判曰離二也名氣之脉胳分明而不紊者曰理其為物不二也雜與離不可得而言矣雜與離且不可得而言尚何不雜不離之有哉若移以語道器庶為近之而程子又曰道亦器器亦道則在學者默識之而已

性説

或問人物之生孰形之曰氣為之形孰性之曰氣為之性曰氣為之性也理何居耶曰理即氣也而以為有二

乎哉且夫天地之生物也譬則父母之生子也子者父母之委體人物者天地之委氣天地之氣一陰一陽而已矣陰陽之形而上者謂之道而人物受之以正其性前既以正性命為器此又云爾何也蓋就天道言則賦予萬物已為形而下者就人言之則生又是形而上者而所得天地之氣則為形矣此等處當看得洞洞流轉方妙陰陽之形而下者謂之器而人物分之以範其形人物即天地之器道不離於器而性即具於形本一氣而已矣豈外此更有所謂理而與氣為偶者耶曰然則人物之別何如曰陰陽也者運而造化者也運則不齊不齊則通塞偏正生焉通而正者造人塞而偏者造物人通而正也故頭圓象天足方象地

五臟六腑四支百骸象天地之萬物而心以虛靈神妙位乎其中象天地之人故曰人者天地之心也仁象天地之陽義象天地之陰天地之克肖子也能踐其形者則可以與天地參矣物塞而偏也故動者横植者顛本乎天者親上本乎地者親下與之齒者缺其角付之翼者兩其足虎狼之父子近仁而與人之仁不同蟻蜂之君臣近義而與人之義不同小者不可推之而使大無者不可強之而使有其本來如是也故必待人宰之而後能盡其性矣曰予所言者形歟生歟曰以為形則皆形也以為性則皆性也故曰形色天性也惟聖人然後

可以踐形若以形而上下論之則人之貌言視聽思仁義禮知信剛柔善惡中物之飛潛動植知覺運動皆有形而上者矣皆有形而下者矣默而識之可也曰若然則人性宜無不善者矣而有知愚賢不肖之不同何也曰性本善也生而或不能不惡猶水本清也流而或不能不濁（此意明道先生言之甚悉）何也物之不齊物之情也今夫天地之體如是其大也天地之氣如是其廣也絪緼停滀流行推盪宜無不得其正矣然大而一世之否泰小而一歲之災祥上而日月之薄蝕下而山川之崩竭君子少而小人常多治日少而亂日常多清明之時少而風

雨晦冥之時常多若此者皆生於運之不齊故也況人於天地間以有涯之形囿有涯之氣不能如天地之絪縕停滀流行推盪而其賦始資生之時或又適感天地偏陰偏陽與夫陰陽之乖戾者則其既生之後通者不能不有時而或塞正者不能不有時而或偏偏有輕重塞有厚薄明道所謂有流而未遠已有所濁有出而甚遠方有所濁有濁之多者有濁之少者即此意也而知愚賢不肖之等分矣然人之於人類也孩提之童無不知愛其親也及其長也無不知敬其兄也知愚賢不肖之初一而已矣而卒若是懸者生於習也善者既可習而為惡則惡者必可變而為善此聖人之所以

有教而學者之所以有學也曰性既不一聖人可學而至歟曰學以至聖人之道也孟子曰人皆可以為堯舜堯舜之道孝弟而已矣鷄鳴而起孳孳為善者舜之徒也此學以至聖人之道也語其等則孔子所謂生而知之者上也學而知之者次也困而學之又其次也困而不學民斯為下矣者是也曰古今言性者何知曰孟子之言正荀子之言繆楊子之言混韓子之言補于孟子濂溪明道之言精于韓子伊川之意主孟子而言稍過朱子之言宗伊川而意太遠學者讀其書而自得之可也然則宜何從曰群言淆亂折諸聖性相近習相遠也

唯上知與下愚不移此聖人之言也百世不容易矣

考

禘祫考

夫禘祫者天子諸侯宗廟之大祭也周衰禮廢其詳不可得聞而義意之見於傳記者諸儒又從而汩之是以其說不得大明于世夫先王制禮建宗廟而事之以禘祫後世禘祫之義不明而宗廟之制因以不定宗廟之制不定則禘祫之行乎其間者紊亂煩瀆名實舛剌非復先王之意而報本追遠之義亡矣甚可惜也愚嘗考之諸儒之論聚訟紛紜雖若不一而其大端有二鄭康

成混禘祫為一而惟求之於五年再殷祭之中故謂祫大禘小二祭相因並為盛祭凡說之近乎此者皆主康成者也趙伯循判禘祫為二以祭其祖之所自出而以其祖配之不及群廟之主者為禘以大合祭如公羊傳所云者為祫而謂天子有禘有祫諸侯有祫無禘凡說之近乎此者皆主伯循者也康成之說支離纏繞誠非禮意楊信齋諸人攻之掊擊抉摘無餘蘊矣然詳考大傳之文參之儀禮喪服子夏傳而斷以程子之說則伯循所見亦非先王制作之本意所謂齊則失矣而楚亦未為得也按大傳曰禮不王不禘王者禘其祖之所自

出以其祖配之諸侯及其太祖大夫士有大事省于其君干祫及其高祖子夏傳曰都邑之士則知尊禰矣大夫及學士則知尊祖矣諸侯及其太祖天子及其祖之所自出此二條者更互發明是禘祫之義見於傳記可得而推尋者也所謂王者禘其祖之所自出以其祖配之云者即天子及其祖之所自出也及云者自此而盡乎彼也葢謂王者推其太祖所自出之帝於太祖之廟正東向之位而太祖暫就昭穆之列揔率有廟無廟之主以其尊於其前故曰配而謂之禘禘者諦也以審諦昭穆為義也以審諦昭穆為義則合食在其中矣其曰

諸侯及其太祖云者謂諸侯殺於天子無所自出之帝惟太合有廟無廟之主於太祖之廟而祭之公羊氏所謂毀廟之主陳於太祖未毀廟之主皆升合食於太祖是也是之謂祫祫者合也正以合食為義也天子言禘其祖之所自出而諸侯不言祫及其太祖者通下干祫之文而互見之也干祫云者謂大夫士則又殺於諸侯無太祖亦不得祫惟嘗有功德見知於其君許之乃得合祭及其高祖而已故謂之干祫干者逆上之名以其上干諸侯之祫也由此言之合祭祖宗一也天子盡其祖之所自出而止則為禘諸侯盡其太祖而止則為祫

天無二日民無二王天子之禮不可干也故曰不王不禘諸侯雖尊亦人臣爾其禮可通於下也故大夫士有可以干其祫者蓋以位有尊卑故祭有遠近而名有異同程子以一言蔽之曰天子曰禘諸侯曰祫其禮皆合祭也可謂至明白矣趙伯循單摭王者禘其祖之所自出以其祖配之一語立說而不察其通章對舉禘祫之意蓋考之有未精也且禘之為禘本以審諦昭穆得名而爾雅又曰禘大祭也若惟以始祖配所自出而不兼群廟之主則既無昭穆可言而寂寥短簡亦已甚矣尚何足以為大哉傳說曰禮煩則亂事神則難今既不以

合食言禘則不得不取諸侯之祫以補天子之禮而祫又有大祫時祫此外又有時祭則是天子宗廟之中有禘有祫有時祫有時祭一歲之間僕僕焉幾無虚日糜費貨財妨奪政事固不待言而先王神明祖考之道恐亦不如是之煩且黷也其不然可知矣或曰天子曰禘諸侯曰祫魯諸侯也春秋有禘有祫何也曰春秋未嘗言祫言祫者公穀諸儒之失也禮不王不禘魯以成王之賜得用天子禮樂故以禘代祫然非禮矣故曰魯之郊禘非禮也周公其衰矣魯既以禘代祫遂為常祀春秋不能悉書則書其失禮之中又失禮者以詳事變而

僭竊之罪亦因以著然有書禘者有書大事有事者有書從祀者先儒謂義在用禘則書禘義不在禘則書事是也左氏去春秋之世未遠而又嘗見國史故於有事武宮及從祀先公之傳皆以禘言其必有所據矣公穀惟以諸侯待魯而不究其當時僭竊變亂之詳故以禘為禘以大事為大祫有事為時祫然不知魯實無祫也漢儒因之而禘祫之混亦自此始矣故曰春秋未嘗言祫言祫者公穀諸儒之失也

議論

易非為卜筮而作

上古聖人畫卦將以順性命之理類萬物之情通幽明之故而示人以開物成務之道也初不為占筮而作而占筮亦在其中矣後聖揲蓍求卦以前民用用易之大莫切於此然占筮乃因易而後有易固不為占筮而作其主客先後之分固有在矣夏商之易所以不傳蓋其辭義必非聖人所定意者出於太卜諸人只據占筮吉凶為言辭旨膚淺不足以窺上古聖人畫卦之精微故文周別創新義即其卦爻占筮之辭盡發天地鬼神之奧孔子又從而羽翼之而上古聖人畫卦之妙開示無

餘蘊矣後世言易君子自王輔嗣康伯至於邵程諸老先生雖有得失深淺之不同然無一人肯尊以卜筮而言者蓋皆能識四聖之心故也文公不知何據乃為此一偏之論以誣後學可怪也夫

教刑

虞廷制刑有欽恤之說而後人借口遂故出人罪以求福報虞廷敷教有在寬之說而後人借口遂廢棄規條故縱士子為惡以干私譽皆朱子所謂世衰學絕士不聞道飾其偏見以為美談者也

、併問

伊尹之所處天下之事也身在事外故總見太甲不賢則放之而人自不敢疑周公之所處家事也身在事中故明知管蔡之不肖只得包含隱忍用之不疑而謗議紛紜終且不免觀二聖人之所處則周子所謂家難而天下易者益可見矣

魯用天子禮樂

林氏因微子之命有慎乃服命之言遂疑魯用天子禮樂為非成王之賜伯禽之受可謂善出脫成王矣但恐世遠難質言耳蓋魯周公之後素號秉禮又在中夏文明之地與吳楚蠻夷不同使無所受必不肯擅僭天子

之禮樂況春秋之時齊晉更伯尊周室以匡天下而魯衰弱不振使無天子之命而一旦拔本塞源僭擬至此其誰能容之且以晉文之疆大加有大功于王室周襄王尚不許其請隧魯之郊禘大於隧遠矣假然為之而王室不問伯主不討豈無故而然哉夫有所受之矣或曰然則成王何謹於宋而不謹於魯耶曰宋前代之後且當時方創武庚之禍而微子之命又作於周公攝政之時故為之防如此若賜魯之事則在周公已沒之後無嫌可慮而成王一時崇德報功之心過盛以情勝禮而豈慮其流弊之至用於群公之廟也耶

關雎

關雎詩之首篇誠所謂正始之道王化之基也序文與詩義相應本明白易曉而古今傳註往往支離乖刺殊非聖人經旨蓋君子之道造端乎夫婦序所謂始與基者指后妃而言正而化之者文王也婦德無厭恣情怙寵始忌同類乃其常態小則亂人之倫絶人之世禍人之家大則并其國與天下而喪亡之矣惟后妃太姒以聖配聖而又親炙文王之儀刑也久而且深故其性情端莊靜一既絶專欲之私而又慈惠和平純乎逮下之美如詩之所云是也首章關關二句以興窈窕之淑女

指所求之媵御而言君子指文王也二章本其未得而言序所謂憂在進賢不淫其色哀窈窕思賢才而無傷善之心焉孔子所謂哀而不傷者也三章自其已得而言序所謂樂得淑女以配君子孔子所謂樂而不淫者也詩詳其次故樂在哀後序要其成故樂在憂先賢才與善皆指淑女言不淫其色謂求此淑女上以承君子而廣嗣續下以供內職而佐陰教非為貪淫其色之美也左右流之言荇菜順水之流或左或右而無定以興淑女隱於幽閒之處無迹可見故鍖寤寐求之而未必即得也至於采而芼之則已得其人而處之各於其所

矣關雎大義不過如此此正后妃之德而文王感化儀刑之妙已寓乎其中矣楚之樊共姬漢之明德馬后皆暗合此義者也漢儒去古未遠其説畧近但毛鄭氏言淑女或以為后妃或以為衆妾而又皆以荇菜為祭宗廟之物鍾鼓琴瑟為祭宗廟之樂其説皆迂僻固陋不通詩旨至於朱子為傳翻倒詁號自立門户則異甚矣盖關雎之詩或后妃自言其志或左右知德之人從旁詠而傳之皆不可知程子以為周公所作似矣但人子稱述其親之美固無所不至然於閨闈衽席之事恐亦不宜切切詳也此詩接引衆妾以御於君所恐非周公

所宜言者矣朱子既以淑女為后妃而其未得之憂得之樂皆屬之詩人乃謂宮中妾媵所作也不知后妃未嫁之先文王宮中豈容先置妾媵縱使有之則淑女之得與不得君子之逑好與不好亦非其人之所當與也而何其憂樂至於如此邪其亦無恥甚矣朱子以為得其情性之正殊不可曉

、平王

朱子之責平王辭嚴義正無復改評矣愚獨竊據當時事勢人情而深嘆平王所遭之不幸也蓋申侯殺君之罪固王法之所不赦而幽王不道之誅亦天理之所難

容故曰聞誅一夫紂矣未聞弑君也且幽王之弑非申侯獨弑之也與繒西夷犬戎天下諸侯共弑之也平王之立亦非申侯獨立之也天下諸侯出伯服而共立之也當是時也申侯雖負弑君之罪而實有存周之功平王雖當復父之讐而尤不可忘母之難况其始也依之以避患其後也又賴之以反國乃欲從而誅之不惟人情有所不忍恐於事勢亦有所不安也一旦犯衆怒而激他變則宗社之憂有大可慮者矣然則為平王計宜何如而後為得邪曰王之未立也有母在不得為泰伯伯夷其既立也有宗社在不得為季子子臧惟有痛心厲

志修復文武宣王之政以蓋前人之愆故戴迹於犬戎以申討賊之義準申侯之功罪以全母子之恩天下諸侯咸與更始所可蓋者如是而已其他付之天下後世之公議苟有通春秋之義存公恕之心者必將哀而原之曰彼其所遭固甚不幸也惜乎王不能出此此其所以不免於儒者之責也歟

鄭衛國風

鄭國二十一篇其的為淫泆之詞者野有蔓草溱洧二篇可疑而難決者丰一篇而已其他緇衣二叔于田清人羔裘女曰雞鳴出其東門七篇語意明白難以淫說

至于將仲子遵大路有女同車山有扶蘇籜兮狡童褰裳東門之墠風雨子衿揚之水凡十一篇序說古註皆有事証可據而朱子一切翻倒盡以淫奔目之而蔽以放鄭聲之一語殊不知孔子論治則放鄭聲述經則删詩正樂删之即所以放也删而放之即所以正樂也若曰放其聲于樂而存其詞于詩則詩樂為兩事矣且使諸篇果如朱子所説乃淫泆狎蕩之尤者聖人欲垂訓萬世何取于此而乃録之以為經也邪反正詭道侮亂聖言近世儒者若馬端臨楊鐵川程篁墩諸人皆已辨之矣

又

鄭衛多淫聲如桑中溱洧男女戲謔之詩蓋亦多矣孔子盡刪而放之其所存者發乎情止乎禮義而可以為法戒者也中間三四篇蓋皆刪放之餘習俗所傳而漢儒當經殘之後見三百之數有不足者乃取而補之而不知其為世教之害也又二國之聲本無輕重孔子欲與遠佞人對言不可兼舉故畧衛耳說者從而分別之可笑

豳風

豳風雖繫於國風之末然非變風也周公之正風也七

月周公所作備陳王業之本以告戒成王與無逸相表
裏乃豳風之正其餘或周公所作或為周公而作無可
附麗故取而綴於七月之後以其一國之事係一人之
本故謂之風然一詩而實具三體不止於風也故置諸
風雅之間所以尊之以見與列國之風不同也王仲淹
例以為變風既失之固且勦王亦未敢誚公之言以為
君臣相誚之說尤為無理左氏有周鄭交質之言君子
非之豈以周公之聖而與君相誚乎況考之詩並無公
誚成王之語王之未敢誚公則書已明言之矣仲淹此
言誣罔無實而朱子取之殊不可曉

采薇出車杕杜

采薇出車杕杜三詩古序傳箋皆謂文王受紂之命命將出師而以禦西北二狄之患詩中王與天子皆謂紂也其說迂曲欠通蓋文王三分天下有其二率商之叛國以事紂當時服屬於文王者知有周而已豈復鄭重於無道之紂而尊奉之若此哉且此詩雖作於文王之時而實定於周公之手周公制禮作樂為一代太平之典決不應取其已誅之君已滅之國而惓惓歌咏之以為衆人之口實也朱子知其不然故改為周王是矣然朱子平生不取文王受命稱王之說則此詩所謂王與

天子為文王邪為武王邪抑為成王邪其辯小序以天子之命為衍說而曰未必文王之詩則亦以為武王矣然詳考詩書史傳並無武王伐獫狁昆夷之事而其一時佐命大臣亦無所謂南仲者至於成王用兵之地三監武庚淮奄皆東諸侯之叛者與西北二方亦邈乎不相干也然則此三詩所陳其何王邪孟子曰湯事葛文王事昆夷而皇甫謐帝王世紀亦云文王受命四年周正月丙子朔昆夷侵周一日三至文王閉門修德而不與戰尚書孔傳云四年伐犬夷犬夷即昆夷也二說相同皆以為文王受命四年之事且與湯事葛之事始末相

類然則王與天子皆指文王而言明矣武王誥告天下
明言我文考文王誕膺天命九年大統未集至周公追
王之興止及太王王季而不言文王則文王受命稱王
又不啻明矣漢儒相承必有所受而宋時諸老一切反
之扶持名教其意未為不是但既亂聖人之事實而其
違權體道之妙又很乎其不足與言矣此論甚長姑發
其略于此云

宣王

天下雖安忘戰必危故周召二公於成王康王之初皆
以詰爾戎兵張皇六師為言正恐守文之主弱於宴安

忽忘武備馴至陵夷以階禍亂耳况周家以仁厚立國其勢頗弱穆王幾致徐方之亂昭王南征不復至于厲王遂死于彘雖諸王君人之道有所未盡而兵威不振無以懾服人心亦可見矣宣王丁積衰之後乃能乾秉講武蒐威昭德以成中興之美以復祖宗之舊深合二公詰兵之意故詩人喜而美之詳賦其事而序文明其復古之功正所謂國史明乎得失之跡達於事變而懷其舊俗者也東萊云云失之緩弱不足以盡先王之善而發詩人之意

節南山

愚讀詩至此而深嘆周家有道之長也幽厲並稱世所謂至無道者而尹氏秉權擅重其勢當不在後世權奸下也然家父指斥其君臣之惡播之聲詩傳之天下明目張膽略無一語回護使在後世便當立爲齏粉而當時不聞有他也後來幽王雖不得終而東遷一脉猶綿延數百年之久一則容受直言尚賴匡救維持之力一則仁恕忠厚天地鬼神亦或有以默相之也後之君臣何用不監也悲夫

楚茨

楚茨以下十篇小序以其在變雅之什也故皆謂之傷

今陳古然攷詩文委無風刺之意誠如朱子之所辨者蓋簡編錯亂之後以正為變以淫為雅者多矣如甘棠分陝以後詩也野有死麕淫奔詩也何彼穠矣東遷以後詩也而皆誤入於召南之編桑中溱洧孔子删去詩也而誤收於三百篇之內如此者盡信而不覆詳思明辨之則有害於聖經甚矣但以此下四篇皆述公卿有田禄者之事而非天子之詩於義有害不敢強從蓋言天下之事形四方之風謂之雅雅者朝廷之樂詩也臣下恐不得而有之且周之王業起於田畝見於詩書不啻詳矣何獨於此而疑之况詩中所陳祭祀之禮皆與

儀禮周禮禮記所載天子之禮合所稱孝孫君婦古註皆指天子與后而言所祝萬壽無疆等語亦非臣下之所敢當者恐不必改為公卿之祭可也

文王

文王稱王改元之事漢唐大儒如司馬遷孔安國班固劉歆賈逵馬融王肅韋昭皇甫謐鄭玄孔穎達諸人皆以為然且援引經史旁稽圖讖其為證據不啻詳矣至宋諸老先生始一切擯斥不信以為文王三分天下有其二以服事殷故稱至德若紂在位而文王云爾是背判也其持論最正其扶持名教之意最切後學當無俟

容喙矣但此詩序明言受命作周而詩曰其命維新曰帝命不時曰假哉天命夫新者創始之辭也則前日之舊可知矣時者適可之義也則前日之不可可知矣假者極大之名也則前日之小可知矣三者皆親於文王之身而言之則文王受命明矣夫既曰受命則天必降其符如赤烏丹書之祥人必有其事如稱王改元之舉然後受命之義昭著於天下而詩人從而歌詠之史氏從而稱述之如此詩及書所謂我文考文王誕膺天命九年大統未集之類是也不然則截自何時斷自何事而以為文王受命也邪說者以為天人一理人心既歸天

命安往豈必赤雀丹書稱王改元而後謂之受命也哉
愚竊謂此書生之見非可以議於天人合一之妙帝王
曆數之徵也古之帝王其受命於天也猶臣之受命於
君也今世內外大小臣工必皆得朝廷誥勅符印而後
可以行事否則僞耳況王者之興代天理物君臨萬邦
何等大事使天不出瑞應以啓迪而聳動之則不惟天
下之人故以等夷相視不肯一旦心悅誠服推尊愛戴
而其人無所憑恃亦必不敢遽萌非分之望以取于天
之誅也鄭康成六藝論極言瑞命之事云云是其證也
其於帝王受命之符詳矣故孔子有鳳鳥不至云云正

巽已有帝王之德而不得受帝王之命與諸聖人兼善天下者異耳讖緯之書多雜神怪固不可盡信然傳自上古必有所受恐亦有不可盡非者至於文王赤雀丹書之說諸書皆載不約而同且與詩書相符以為誣妄而盡揮斥之過矣

大明

愚讀大明之詩而知人之求配不可不慎擇也盖雖大聖賢而配非其人所生之子必不能全類其父若不幸而遇妖妬悍隨之女則其家之敗也忽諸后夔以玄女而絕其祀叔向以夏姬之女而滅其族是可鑒也詩稱

文武之興必各本其母而言有旨哉

清廟

書曰予小子其承厥志又曰丕顯哉文王謨丕承哉武王烈是周家王業之盛皆成於文王而武王特承之耳清廟薦祭文武而獨頌文王謂統於尊固是然中間畧無一語及於武王揆之情禮恐皆未安竊以不當作丕丕顯丕承兼二聖而頌之言文武之德皆無厭射於人沒世不忘故能致助祭之人有如是之誠敬也前專頌文德而末乃並言正是統於尊之意且見武王不過承文而已古今諸儒皆無此說姑附愚見于此云

思無邪

詩與他經訓不同蓋其言本於人情風俗多有近於邪者如國風之好色小雅之怨誹之類是也然雖發乎情而實止乎禮義雖好色而不淫也雖怨誹而不怒也言雖近於邪而其心思則無邪也其有真邪者孔子已刪之矣復恐人不善體會也故舉此一言以指示之謂此一言足以盡三百之義矣如朱子之説乃是學詩一言以蔽之與孔子之意不同

魯頌

魯當有風而無風不當有頌而有頌固已不可曉矣至

就頌而論之駉與有駜事小而辭誇泮水閟宮無實而妄作若大禘后稷郊上帝皆僭禮犯分之極而膺戎狄荒大東諸云云者又吞噬踰制之心合而觀之多矜誇誕謾之言全無後先王忠厚和平之意先儒間有疑之者矣至於孔子删詩垂訓魯頌無足為訓當删無疑而乃取而置之周商之間其意何在則古今未有明言之者愚蒙不領姑記于此以俟後聖

商頌

韓詩以商頌為宋襄公時所作蓋以襄公嘗一伐楚而又竊廁于五伯之列故以商頌歸之若魯僖然先儒間

有用其說者矣愚竊以為宋亡國之餘而襄公又敗衂之君也當時周室尚存桓文迭起必不敢輒僭天子之頌而又盛稱其祖考之功德以誇詡於衆略無忌憚至此也果爾則孔子胡為而録之以為訓耶魯頌可疑已甚商頌并爾恐難免于百世之後聖矣當以毛詩國語爲是

春王正月

三代改正朔必改月數改月數必改四時春秋所書春王正月乃建子孟春之月故謂之王正自左氏迄于漢儒並無異說不知宋儒何據而逆聖經翻出說多意見

如胡氏云云甚可怪也此義詳具趙東山屬辭及左傳

補註

鄭世子忽

忽鄭之賢世子也救齊而有敗戎之功可以見其才辭昏而明求福之義可以見其守不幸為突所簒仁人君子之所宜痛惜而扶持之者也然春秋於忽之奔也絶不稱子其後也雖稱世子于後二三年間藐焉無聞若不足齒録者然至于于突一則曰鄭伯二則曰鄭伯中更昭公亹儀之變者數年而突之伯也牢不可拔然則聖人何取於突而亟進之如此也耶此殊不可曉說者

隨文生解皆迂謬欠通其尤甚者若程子云实非正也
忽既恣行故國人云云所以戒居正者已不能保則人
取之矣果若此言則曹馬諸雄孰非國人君之諸侯功
之者邪害義傷教莫此為甚愚竊以為此等處經必有
缺訛難强通者疑而存之不必質言可也

公伐齊納糾

若如程朱胡氏諸儒之說則子糾之死實當管仲之不
死為不害於義矣子路子貢何故致疑如是孔子何故
不明告以管仲義不當死而乃盛稱其功若不喻二子
之意者然此何謂也黄楚望謂學者於此當有所悟不

悟則不化愚讀之不覺躍然盖諸儒正所謂不化者也

楚望之言引而不發善讀者當自得之

、禘于太廟

成王賜魯重祭先儒多疑其非致之商之太戊盖嘗以天子之禮葬伊尹矣周公之德足配伊尹周之禮文較商為盛而成王又親其兄子也則賜周公以天子禮樂亦不為過但後世沿襲遂用諸群公之廟則不可耳所謂魯之郊禘非禮周公其衰者指此而言非以成王之賜為非也王荊公之論不為無見但諸儒局量淺狹識不及此只據禮記所云遂一槩撝斥恐不足憑也

桓文

按齊桓殺兄爭國，同産不嫁，内嬖六人，嫡庶不明，五子爭立，其修身刑家綱常倫理之間慚德甚多，而其施之於外者亦未必盡當也。晉文公雖未盡善，然較之齊桓猶為彼善於此，而孔子譎正之論顧若相反者然。反復思之不得其説，久之而後似有悟焉。蓋此二言專為二君取威定伯用兵之事評，而非擬議其為人之賢否也。

楚莊王

召陵之師，屈完雖受齊盟，而言辭屈强，不甚心服桓公，桓公亦不能得其心服，僅僅成事而已。城濮之戰，獨楚成王知晋文為天所置然其稱之不過曰備嘗艱難險阻盡知小民情偽而已及邲之役中行桓子隨武子諸臣皆晋之望也其所以稱述荘王者不遺餘力則荘王之賢當不在桓文之後而春秋所以予之亦必不後於桓文也决矣或者謬執固陋之見欲擯不使預於五伯之列是豈聖人與人為善之義哉

又

楚荘王春秋賢君也雖桓文亦有歉焉其所可議者僭王與不尊周二事而已此在聖人胸中别有一種道理非中人以下所得聞者但律以名教則不免為罪耳已

古之事有世遠不可質言者有道大不可易言者知道君子默而識之可也文王受命称王九年見於詩書者甚明而自漢以前諸儒之所共傳道之者也至宋儒始欲扶持名教一切翻倒前案然無奈書云文考文王中庸云追王太王王季之言終難破除也凡此皆失之質與易而言之耳了此則春秋予楚之意庶幾得其萬一矣雖然無聖人許大骨量驟而語之以此未有不駭駡而狂走者故曰中人以上云云上也君子默而識之斯可矣

、吳楚

春秋於吳楚始而舉號既而稱人又既而稱爵又既而稱爵以主中國之會盟大書而深予之其不同若是何也蓋始而狄之者存內華外夷之限也中而人之爵之者所謂用夏變夷夷狄而中國則中國之也及其終也中國無伯而吳楚二國進主夏盟天下諸侯皆俯首而聽命焉所謂夷狄之有君不如諸夏之亡也聖人亦何固必於其間哉一付之理勢之自然而已矣一視同仁之大篤近舉遠之殊可即此而默識之

諸侯會吳

諸侯之所以亟於會吳者欲挽楚也殊不知楚之君臣

多賢其進於中國也已久而吳乃方張之蠻夷也一旦引而進之其勢遂盛後來為中國患更有甚於楚者矣趙宋與契丹為與國者幾百年一旦背惠食言誘引金狄與之俠攻契丹契丹既亡而汴宋隨之亡與春秋諸侯抑楚通吳之事相類觀世變者當謹識之

郤至

郤至所謂信知勇者彼誠有之然正孟子之所謂小有才而未聞君子之道者也何謂道曰慈曰儉曰不敢為天下先聖人名之三寶是乃道之發用者也郤氏恃其土地驕佷矜愎譖殺宗伯與天王爭溫而無所忌爭長

魚矯之田而執其父母妻子位在衆人之下而求掩其上乃有所為蓋與三寶相反正犯聖人死矣之戒而與盆城括同出一轍其殺身沉族也宜哉

、晏子

左氏所載晏子之言與師曠衞人出君之對大畧相出入皆當時邪說托諸賢人君子之口以為亂臣賊子之地者如仲尼越竟乃免之類皆是也左氏不明輕信而妄傳之其為名教之累不可不辯也蓋君辱臣死見危授命乃理義之常無容議者間有不必死而無害於義則以所居之時與位而權之耳若晏子者官非正卿身

居散地既無當國之責又無討賊之權莊公雖殯宗社猶存國無其人誰與興理以時義權之實無可死之理然不顧賊鋒入哭君尸其凜然忠義之氣豈止於義形於色而已耶想當時平仲之心亦以死自分矣其幸而免者天啓崔氏之衷亦齊國社稷之福也而亂賊之黨因晏子之不死遂附其邪說以為己地焉不惟得罪名教且深累平仲誠可惡也且君為社稷死則死否則皆私暱也審若此言則人君凡遇篡弒者豈皆為社稷而為之臣者誰肯以私暱自處也耶信斯言也是率天下而為亡君事讎之歸也春秋弒君而及其大夫者有

矣宋之殤閔晉之卓子非皆為社稷死而孔父仇牧荀息非皆三君之私暱也聖人胡為大書而深予之耶由是觀之此為邪說也無疑

太叔文子

太叔文子何人也無乃所謂鄉愿德之賊乎似忠信廉潔而非者乎即其前後之言而知之矣其對成厚叔也佞而文歸過於君而掩孫甯放弑之謀以自托也其議甯悼子也俗而嶮專計利害而構乎是非順逆之理然奕棋之譬是以移人反正之心雖千載之下如胡康侯者猶且惑之而况世衰道微邪說肆行之時乎其對獻

公也巧而悖明以二罪自居而公仕事劉之事且以不貳自誘不知儀也當術之未出也曾立其朝而食其祿否耶食其祿而立其朝矣一旦背而事劉畧無一念存問舊君之意是尚爲有人心者乎是尚得爲不二者乎夫文子之便佞兩可無復一毫忠義正大之氣如此而當時皆稱其賢雖驕悖如術術然而不敢加無禮焉正所謂似德非德而衆皆悅之者也愚故曰文子德之賊也

、季札

季札之賢嘗見重於孔子故古今宗之無復設評者不

知何物劉絢乃敢妄生臆説輕肆譏毀謂札辭國生亂胡安國諸人識趣庸劣既不足以知賢人君子之所存而又以絢為程氏門人其言必有所受勦説雷同牢不可解雖不足以涴季子之腳板而實足以塗後學之心目不容以不辯也蓋父子相繼國家常理間有兄終無後而弟及者禮之變也吳之事則異乎是壽夢之欲致國乎季子其意雖善其事則逆亂之道也季子於此蓋見之明而處之當矣僚與光皆嘗致國乎季子季子卒不之受者匪惟守吾之節蓋以知彼之有爭心也何也僚固不憚於襲光固不憚於弑而何有於季子耶惟季

子之素所不屑者足以取信於二子故二子外讓之以為名而內不失其有國之實故無事耳使季子不度而偃然當之則覬覦之心生而攘奪之禍起是誠為國生亂矣不知劉胡諸儒又將何以責之也雖然此即讓國一事言之也季子之賢則不止此季子蓋有道者下聖人一等而已耳伯夷叔齊行其心之所安孔子許之以為仁孟子稱為聖之清者若季子者仁似夷齊而道過之蓋兼清任和而有之矣觀其銜命出使翱翔上國取前代聖人之禮樂而題品之不爽錙銖而又所至之處群賢景附心悅誠服俯首受教若子弟然雖以孫文

子之無禮一聞鍾聲之論終身不御琴瑟此豈可以襲取而強為之者要其所至殆庶乎自擊道存與天為徒者矣迨其晚年壽考維祺如魯靈光巍然為天下之望而竟不知其所終蘇子瞻以為仙去蓋誠仙也愚以為季子以出世人行世間法而無遺憾其黃帝老子之徒歟

楚子棄卒

子圉之惡不減商臣商臣大書子棄而圉反得逃其弑逆之名暨乾谿之禍僅足以報其出爾之萬一而愚且無罪之臣乃再處之誅死之地不必貸也春秋書法如

此何以服天下後世之心乎蓋古今聖愚人雖不同其心一也心之所同是者不待多言而其善自著心之所同非者雖更千萬言而其惡卒不可掩子圍之惡天下古今之所同惡也不但當時諸侯之二三大夫知之而已止因春秋沒其弒君之實後世庸妄腐儒隨聲附和曲辭巧辯以文經語之差然辭雖費而意愈晦矣杜氏曰楚以瘧赴故不書弒彼商臣也親弒其父而代之位其不以實赴也決矣春秋胡從而大書于策曰楚商臣弒其君邪如此者甚多不暇枚舉至于胡氏以後諸說紛紜尤爲迂繆公掩弒逆之惡以爲亂賊之地與聖人

作春秋本意天淵懸絶乃曰裁自聖心以達王事不知
以何者謂之聖心何者謂之王事也又曰惻之甚懼之
深云云愚以為聖人華其僞迹而正以弑君使天下後
世曉然知簒弑之賊中國非獨不能致討且從之以主
會盟而無惡焉若非春秋斧鉞之筆誅之於既死之後
則人欲横流而不可遏中國衰微而不能振矣如是而
後可以謂之扶中國制人欲存天理也今也隱其簒弑
之名尊為盟會之主與桓文無少異焉使天下後世有
窺今將之心者皆以楚虔為師莫不曰春秋之所以待
虔者亦不薄矣率中國而為夷狄熾人欲以滅天理莫

有甚於此者矣是豈聖人作春秋之本意也哉曰若此
者當何從曰此一經之大疑而不可懸斷者闕之可也
何也經傳捐參說春秋之大法先儒有成說矣經可信
則據經以駁傳之失如趙盾之事是也傳可信則從
傳以正經之誤如欒書之事是也至于楚教子圍之事
經傳不同而又兩不可廢必孔子復生然後可以定其
是非否則姑闕之以俟聖人百世之下而已蓋圍之惡
前後互見天下皆知而弒麇之後又并其二子與太宰
伯州犂皆殺之三公子懼而出奔申之會明爲慶封所訐
諸侯皆與聞之此傳之可信無疑者而經所書乃爾州

蒲之弑晉下疑落彝書字庚其之弑莒下疑落世子僕字世遠經殘簡有脫誤此可信傳以疑經之誤者也若此則難乎其為疑矣諸說皆不足據非孔子復生孰從而取正哉故曰闕之可也乾谿之事當別置辯

、子產留環

子產留環與相如完璧二事得失何如曰完璧正也留環過矣蓋璧趙之鎮寶也其存亡係國重輕秦乃欲紿而奪之使非相如之勇有以懾伏其心而奪之氣則趙所損多矣若夫玉環宣子之舊而遺於商人與鄭無關也使鄭君臣取而與之誠似失位彼自買之矣鄭弗與

知可也而固留之何居萬或因此而隙焉如子太叔子羽之所虞者其所損不亦多乎子産蓋亦知起之賢必不肯以此而生忿豈晉之衰必不能以此而興兵然掩人以乘之亦有道者之所不取也愚懼後人以是為禮也故得而論之

許世子止弑其君買

律合御藥不如法者死蘇子由已言之矣今律有庸醫殺人之條若止者擬此二律者不得免雖止之心亦不能自怨而死於人乎況於聖人之經乎止在其為法受惡矣但胡氏忽君父萌篡弑云云則過當之言不惟失聖

人之意枉許止之心亦不足以服衆人之公論也」又君弑賊不討不書葬者非史策故不書也亦非孔子削之以為義例也大凡君弑賊不討必是賊自當國不肯禮葬其君不赴於列國列國亦不往會其葬史策何由而書葬某公也其間有書者或其人隱其罪逆自同繼位之常禮葬其君以為文過之地如蔡般是也或賊已就討或奔而他人繼葬之如禮列國往會如許止既奔而斯繼之是也公穀不知此義乃以君弑賊不討不書葬為春秋定例至于悼公書葬謂之赦止曲說紛紛皆非經旨

齊侯取鄆

君臣父子天經地義自古惟湯武之事應天順人別是一種道理其他則截然之分不可亂也春秋之世世衰道微篡弒有作其原始於邪說以倡之所謂邪說者無他臣與君較曲直子與父爭是非而已殊不知君臣無訟父子無訟故曰父雖不慈云云以不忠蓋天冠地屨之倫本無爭較是非曲直之理而邪說橫流勢不可遏始焉臣子與君父較既而為之黨者為之較又既而後之儒生亦助之較焉魯昭公為季氏所逐失守宗祧越在草莽求齊不遂求晉不成羈棲外邑淒涼萬狀觀春

秋始終所書痍然傷心其所謂寄至痛於微言誅奸回于既死者矣而胡氏作傳不能發明聖經誅討亂賊之義乃專責昭公不君若與意如分任其罪者然是非為邪說以助之較而何師曠史墨生于邪世其為邪說無足怪者而胡氏當聖經之後乃取邪說以壞經旨誠不可曉

晏子論已亂

國之失民由失權也在攬之而已漢武帝謂田蚡曰何不遂取武庫一言而蚡知懼矣晏子知陳氏有篡國之幾而其所以為景公謀者迂緩疎拙乃爾其無濟變之

才可知此季札所以勸之退以避亂也孔子曰如有用我者朞月云云及其相魯三月大治聖功之速如此而嬰且譏之謂累世不能殫其學當年不能究其禮也若嬰所云欲以已陳氏之亂真與決東海之波以救涸轍之魚無異也乃敢以是議聖人多見其不知人且不自知也夫

晉人執宋仲幾于京師

典謨帝者之書也夏商周王者之書也春秋伯者之書也故曰其事齊桓晉文夫惟天下無王也而後伯圖興夫惟王迹熄也而後春秋作春秋既尊紀伯者之事但

當就事而論其得失定其功過斯可矣不當復以王政繩之也使王政得行於斯時則與西周之盛無異而其政教號令當與周官立政等書同編春秋胡爲而作邪先儒不達此義往往舉周禮以繩春秋之君臣如此晉人執宋仲幾之類是已蓋王室不競遷都成周惟晉是依晉之君臣始則致諸侯之師以戍之既又奉敬王之命合諸侯之大夫以城之此伯者之義舉也而宋仲幾獨敢偃蹇亢違不受功役此而不戮人皆效尤晉無以號令天下之諸侯矣胡氏顧反責之以爲不告司寇而執人於天子之側昝簭栻之前也吁其不近人情不許

悖理乃至於此可怪也已夫晉執不受功之大夫當告司寇矣不知前日之戍與今日之城當告司馬司空否邪皆固非春秋之事矣知不告也亦謂之篡弑之萌否邪夫晉一也天王遇變之際凡事之急且難重且大者一切付之使自為力而欲專享其成及事稍定彼執一罪人則輒舉大司寇之職以繩之聖人天地之心春秋忠恕之道恐不如是之頗也胡傳如此者甚多不暇一一置辯偶於此發之或曰執何稱人也曰全之也稱君則不在會稱臣則嫌于大夫之專執也故稱人以全其君臣之體以與其伯討之宜曰經言執不言歸而傳云

云何也曰傳言以歸者韓不信歸之于晉君治其罪也言歸于京師者晉定公歸之天下定其獄也晉之君臣可謂各盡其道矣經據赴告取明討罪大義故畧之云

衛公孟彄出奔鄭

衛之羣臣公叔戍北宫結趙陽公孟彄及其世子蒯聵先後出奔皆以南子之故也南子宣滛播醜得罪宗社死有餘辜故戍輩謀去其鄙蓋欲以漸防閑為國剗耻其義本正也至于蒯聵之事則凡有可言者父母之恩一也然禮為出母降服而為父後者則無服豈非以其大義當絶故邪若南子者上辱宗廟下辱國人醜播四

隣臭遺萬世大義當絕十倍尋常出母而猶責蒯聵以純然子母之道是無復羞惡是非之心矣蒯聵於南子實萌殺之之意若在他人罪死不赦而蒯聵則有不可執一論者何也彼於南子雖不當殺而義實當絕也春秋於蒯聵之奔與其納也皆不絕其世子正以著其罪小不至於不得世其國也而輒之惡遂無所容於天地之間矣蘇子由古史亦論及此當參考之

、公會晉侯及吳子于黄池

胡氏論黄池書及之義得之至駁漢唐云云乃為當時高宗事金而發未免矯抑過當恐非定論匈奴于漢本

非臣屬呼韓因其國亂款塞來朝君以臣禮待之後來
叛服不常將何以處蕭望之所見賢於人遠矣唐臣突
厥古今皆以為非愚竊謂書生鉛槧之談自有志於天
下之豪傑視之付之一笑而已老子曰受國之垢是為
社稷主受國之不祥是為天下王故太王勾踐以小事
大湯文以大事小皆所不計要之能保國與天下而已
三國趙咨稱其主吳王之美於曹丕之前歷數其事而
終之曰屈身於陛下是其略也所謂略者濶大簡略之
意蓋以為此小小禮數不足計較姑與之取辦吾事而
已世民父子乘亂崛起欲大有為於天下而突厥地偪

兵強勢甚可畏其所以不惜一屈身者匪徒欲借其援蓋深懼役之撓其後也太宗之累正在于此後來除兇雪恥志願已讐乃為自悔之言其實以自張也書生不知遂執為定議而貶之云云癡人前果不可以說夢也鄙哉

春西狩獲麟

有道之世麟遊藪澤鳳巢阿閣人人皆知其為美瑞也故曰鳳凰來儀云云何等尊異今麟出非其時為人所獲且以為不祥正猶孔子生於衰周雖有聖德而不得位以行其道曰吾道窮矣與吾已矣夫久矣不夢周公

語意相似皆傷此生之不遇嘆斯道之終窮也反袂拭面涕泣沾袍蓋情理之必然也千載之下猶不忍讀況當時乎說者乃以爲文成致瑞嗚呼豈有瑞而爲人所獲且謂之不祥也邪痴人痴人

又

麟出非時見獲於人與鳳鳥不至河圖不出之事相類皆孔子絕望於斯世之兆也故感而修春秋以寓一王之法旣以此始因以此終以著所感之意云杜氏說是胡氏諸儒皆無所見

成王有過則撻伯禽

撻伯禽之說乃後世偏曲之人所為恐非聖人中正之道也且為人父止於慈乃周之家法若成王有過而妄撻伯禽則周公為不慈矣孟子曰中也養不中才也養不才由此言之縱使伯禽有過尚當養之未必至於撻也況過在成王乎

、申生

語曰好仁不好學其蔽也愚申生之謂夫父子之天人皆有之獻公獨非人哉其所以非心欲殺申生者嬖驪姬而溺奚齊耳詩曰如彼雨雪先集維霰公之此意豈無

先見之兆哉申生稍有知覺可明讓則明讓之如漢之東海王彊可也不明讓則佯狂以避之如周之太伯可也審能出此則奚齊之位定而驪姬之願遂矣獻公既無所迫於內則亦何忍自絶其父子之天哉惜乎申生愚惽不處計不出此而吞餌蹈阱自取殺身之禍心雖主於愛親而其敝反至於陷親也哀哉草廬曰申生之事親如仁人之事天且援西銘以證之愚以爲不然天無私而人有私故天不可逆而父或可逆若如草廬之說舜之大杖則走悖已甚矣尚何以稱孝而爲法於萬世也邪又曰申生縱去父必殺之而後奚齊可立云云

此亦不然但恐其去之不善不能如泰伯之泯其迹耳果如泰伯則吾前所謂父子之天者固在也獻公亦何所迫而遽以子臧欒盈之禍加之如路人也哉父子人倫之首變其常固無可言者矣不幸而遭其變則有舜之成法者在若申生者其行固可高其志固可哀而其歸則愚而已矣章廬好異而曲為之辯恐不可以為天下後世之通訓也

子貢修容

君子不愧屋漏豈有吊人而容飾不足以動人及為所拒然後修容之理此等皆末世陋儒傳聞之繆不可

信也

季子皋葬妻

君臣正分也喪葬大禮也犯禾細故也買道小惠也子皋爲宰於成有君道焉不以細故廢大禮而求小惠之名正與孟子所謂君子平其政行闢人可也之義合諸儒非之陋哉見矣

國子高論葬

孔子曰古者墓而不墳又曰古不修墓此篇前亦曰易墓非古也由此觀之則子高之言亦有不可厚非者然須識得孔子從先進之意方可以語此

合葬于防

禮記等書載孔子合葬于防之事恐皆不可信盖孔子生而神靈為兒時即知陳俎豆習禮容則凡人倫之大所當知所當盡者亦已無所不用其心矣豈有年已十七尚不知父墓所在而不能問之於母直至母死又不能詳審合葬殯諸道路苟焉取決於一婦人之言而遂行事焉萬一不得其真則其害豈淺淺哉今人稍有知孝其親者其於葬埋之事無所不致其謹雖遇甚變亦無大害豈以孔子葬其父母身未及返而墳即崩及其聞而吞人之言又且迂緩孤疑殊無痛切之意是豈聖

人之氣象哉凡此等事皆委巷傳聞之言而作記者識見淺陋自採掇以誇廣博耳知道者不可以不辯也

六經雅言

夫子作六經

六經惟詩與春秋的有証據為出於夫子之手無可疑者如論語曰吾自衛反魯云云孟子曰孔子懼作春秋云云是也其他不過學而雅言之而已删定脩明之說原不經見雖七十子亦未嘗的的言之不知後人何據以六經為夫子所作也

魯人哲泰哲

夫子刪書終之以費誓秦誓有深意存焉嘗曰如有用我者吾其為東周乎此取費誓之意也又曰其或繼周者雖百世可知也此取秦誓之意也文侯一命之後周室東遷王者之迹熄而書亡矣魯周之同姓周公之後而夫子之宗國也夫子所以惓惓於魯取費誓於周書之末者欲魯之繼乎周也惜乎定數難移冥冥之中天已授乎秦矣精於術者尚能知來於數百載之前況聖人心通天地者乎書以秦誓終者其亦知無可奈何而安之若命也夫謂專為穆公所見甚淺

三易

◎

連山首艮説者皆謂艮寅位與建寅之義合此殊不然艮在寅文王後天卦位夏何由而預取之且六子皆屬人道獨首艮何也蓋三女無論震以一陽動於二陰之下坎以一陽陷於二陰之中俱不足以當人道之正也惟艮一陽止二陰之上既有符於一君二民之象而又深契夫惟止能止衆止之妙人道之最善者也首艮取此

無咎悔亡

此說可取君子居則觀其象而玩其辭動則觀其變而玩其占正欲知此故曰假我數年五十以學易可以無

大過矣若曰吉凶悔吝拘於一定之數而不能逃也則亦直任其所遭而已聖人何必作易以前民用而學者亦何貴於學易也哉

周禮

文武周公聖人也其所講畫必簡易明達決不至如周禮之繁冗瑣屑以為治岐之制理財之書斷斷其不然矣然謂之陰謀則實迂繆不類乎陰謀謂之附會則實片段不類乎附會惟斥之以為末世瀆亂不驗之書庶為切中其病而周禮之不足信也的矣

順渠先生文録卷之一終

順渠先生文錄總目

卷之三

議論

通鑑前編

朱子論若文王未崩盟津之事不得而辭

吳氏論周公攝政不過位冢宰之位而已

顧命康王之誥　康王當喪而冕

公儀休董仲舒

通鑑綱目

曹褒撰制度　關羽取襄陽

以孫權為票騎將軍
帝自將伐孫權　張華
陸機陸雲孫拯費慈
郗鑒議周戴周札　王茂弘
温嶠陶侃　皇太妃周氏薨
袁粲　魏孝文
又　孝文論用人
隋文廢立　栢耆
少微通鑑
高光　節義

田千秋　宣帝
胡廣　荀彧
孔明　又
温公　晉元帝
崔浩　王魏
封禪　唐太宗
李世勣　婁師德
李泌　陽城
維州之議　宋太祖
趙普　呂夷簡

濮議　又
常袞辭堂食　伊川
蔡京　欽宗
張浚　又
又　高宗
秦檜　朱文公
廟祀
劉定之論宋朝諸君未嘗悖虐尤甚
道學　元世祖
又　又

伯顏　元

又　又

許衡　祀典

許衡吳澂

通鑑續編

張紳釈

黃帝及炎帝戰于阪泉

曲端

荊公使學者不治春秋

陳賈請禁偽學　金世宗

道學　罷侍講朱熹

角端

三國志

蜀

許靖　又

馬謖　姜維

後主

魏

曹操下令　魏晉代興之符

毋丘儉文欽　王祥

李衡妻習氏衡每欲治家妻輒不聽

張昭　薛瑩

呂蒙

椹既疾張温名盛而駱統方驟言其美

陸遜　孫登孫和

鍾離牧　是儀

吳魏君臣　趙達

諸葛恪

文錄卷二總目終

順渠先生文録巻之二

議論

通鑑前編

朱子論若文王未崩盟津之事不得而辭觀文王昔受羑里之囚則恐終不為盟津之事也若天命已迫謳歌訟獄朝覲皆歸則亦不待甲兵而自廢矣此説甚長不可漫論

呉氏論周公攝政不過位冢宰之位而已

呉氏所論乃書生常談周公當時事若止如此則不過守古今大臣之常耳三叔何疑而起流言之變哉大抵伊

尹放太甲周公攝天位達權知變乃聖人分上事下湯
武一等耳非常人所可妄擬亦非常人所可妄議也

顧命康王之誥

孔子刪書而存顧命康王之誥其意深且遠矣蓋唐虞禪
讓授受之事非後世家天下者所可擬而夏殷二代之
禮則又文獻無徵今周其何以示天下萬世之法耶武
王崩成王幼周公攝政其時與事皆周室之大變而其
禮尚未定也今顧命康王之誥其又何以示天下萬世
之法耶顧命述成王傳位之事而萬世帝王正終之律
令也康王之誥述康王即位之事而萬世帝王正始之

律令也然此皆周公所制之禮而孔子述之者也

康王當喪而冕

蘇氏所引冠子當喪云云乃士大夫之禮不可以為天子即位之證至晋大夫之言似矣然亦諸侯變常之禮耳天王新立萬方快覩恐亦不可以此例也呂朱之辯俱不及此何耶

公儀休董仲舒

去織婦是則公父文伯之母非耶拔園葵是則伐檀君子與非其力不食者非耶三年不窺園是則傍花隨柳浴沂風雩與園日涉而成趣者非耶三事同一陋童生

陋儒也

通鑑綱目

曹褒撰制度

夫兩漢之禮儀如此而治效之美後世莫及焉則浮文末務無關于治亂之數更可知矣尹起莘惡足以語此

關羽取襄陽

孔明隆中之策謂天下有變則命一上將將荊州之軍以向宛洛雲長今日之舉可以副此言矣使不為權所襲假之年歲操死丕篡中原多故則雲長之功就而孔明之志酬矣漢祚告終中道蹉跌可勝嘆哉

以孫權為票騎將軍

權前對孔明云吾不能以全吳之地十萬之衆受制于人吾計決矣對周瑜云孤與老賊勢不兩立云云一何壯也至於今日乃上表稱臣討羽自効且稱說天命勸操篡逆又何氣息厭厭耶此無他前日外有玄德孔明為之聲援內有魯肅周瑜為之謀主故一時感勵因人而奮耳今外援已離二臣繼失孑然孤立無所依倚無怪其歛然而餒也

帝自將伐孫權

曹丕篡漢天下之大變也昭烈君臣正當縞素與問罪

之師用伸大義於天下而顧於即位之後首以孫權爲
事何邪可惜可惜

張華

張茂先身爲大位坐視危亂之兆不能及時拯濟而欲
苟且偷游卒歲其偷甚矣欲免於難不亦難乎

陸機陸雲孫拯費慈

機雲文士無行隕其家聲附麗匪人死不足惜孫拯費
慈皆匹夫之諒也

郗鑒議周戴周札

郗公此議尤是往年王茂弘稽首元帝曰逆臣賊子近

出臣族今乃云敦逆未彰臣所未悟寧非欺耶且往年討殺周戴今日曲恕周札茂弘大節之隕可知矣

王茂弘

觀王導處王敦之變前後議論取舍甚可嗤鄙然則導之與馮道異科者特以敦峻篡逆未成耳

温嶠陶侃

太真東晋第一流人惜絕裾為累耳士行亦東晋第一流人惟討蘇峻始謀欠勇大功雖成忠義猶居太真之後此為累耳

皇太妃周氏薨

服之不得中者禮也哀之不容已者恩也故聖人於此
有心喪之義焉胡明仲養於嫡母而忘其所生故深取
哀帝之事其論雖不甚失而心則過於薄矣

袁粲

道一也而用不同當經世者以任欲遊世者以清袁公
身爲宰輔而乃以簡淡自處兩失之矣

魏孝文

魏孝文可謂賢矣群臣不能將順其美惜哉

又

中庸曰喜怒哀樂發而中節謂之和孝文之哀不中節

不可以為天下之達道矣然其天常之厚賢於後世人君遠甚則不可誣也

孝文論用人

專論門地固不可然孝文所謂君子之門云云亦自名言惟涉世久閱人多者知之固難以溫公見駁而遂廢其言也

隋文廢立

隋文廢勇立廣卒隕國祚議者遂追恨之然觀史所載則勇之異於廣者亦微矣文帝教以節儉而勇故為奢靡文帝配以正妃而勇故多內寵文帝輔以端士而勇

故親小人文帝擢以威名而勇故爲厭勝逆其所存無非狂逆不孝之心所爲無非縱肆敗禮之事夫以嚴父御之於上尚且如此一旦南面而得逞焉知其惡不出於煬帝之右哉或曰當此時也爲文帝計者宜何如而可曰此天也非人之所能爲也天下神器不可力取隋文素乏積功累仁又無濟世安民之志徒以乘時竊便逞其詐力盜宇文之國而又沈其族天道好還凶德參會冥冥之中固已預擬是子以爲其覆邦絶祀之地矣是豈人之所能易置也哉後世奸雄篡竊之徒視此而知自省焉則生民之禍庶幾其有瘳乎

、栢者
耆始以策干裴度乘吳元濟之破不煩兵而降王承宗其事頗類李左車至于因李祐之功襲取李同捷卒殞其身則又酷似酈食其智謀之用得失如此君子之自處與其所以用人皆不可以不慎也

少微通鑑

高光

世儒多言高帝優於光武蓋襲曹操石勒所見往往非自得之言若細詳之光武雖有小過然終是有儒者氣象高帝不過一村皇帝而已西漢之俗至文帝而始厚

西漢之祚得文帝而後來皆非高祖之力也

節義

西漢之亡上書頌莽功德者太師孔光而下不啻數十萬人其守節不屈卓有士氣者梅福等數人而已東漢之末黨錮諸賢爭以節義相高嗟枯吹生扶危拯溺至死不二故以曹操之奸雄睥睨漢鼎終其身而不敢去臣位先正推以為光武明章之遺烈是也由是觀之則兩漢崇尚節義之名實槩可見矣東萊顧乃出此乖刺之論顛倒古人之事實惑亂後學之心目不特學術之不明而心術之繆亦從可識矣讀者不可以不辯也

田千秋

戾太子之事舉朝公卿坐視人倫之敗亂無一人為武帝言而千秋獨能發天性之深愛於人所難言之際則其賢於當時之大臣遠矣作史者乃以材能學術伐閱功勞少之不亦繆哉

宣帝

宣帝誅霍氏之變直使家無噍類曾無一毫顧惜定策元勲之意少加曲貸可謂忍矣至於麒麟閣之畫乃褒然以光為首且極其尊稱而不名又何厚邪蓋人心蔽於利害之私則昏久而事定則蔽去而本心之明復矣此

宣帝之於光所以忍於前而厚於後也雖然亦晚矣報德之典已虧而少恩之譏不免宣帝雖悔其何可追耶後人戒此其無以利害之私蔽其本心之明也哉

胡廣

廣患得患失浮沉取容此鄙夫之常態不足責也獨其巧於為術以愚天下之人使之皆稱其賢卒致邪正混淆是非倒置而後生小子莫知所適從是則惡之大者聖王之法所當必誅而不以聽者也近世某人絕類胡廣而其欺世盜名之術又有甚焉蓋舉世宗之至今尚未艾云可恨可恨

荀彧

荀彧者始終為漢者也其始也勸曹公與舉義兵提奨王室固為漢也已而伯業已成潛圖非分彧見其萌即以正義折之折之不從繼之以死可謂殺身成身矣高光楚漢乃據當時成敗之機強弱之形以古況今明其當如此而不當如彼云耳非教曹公稱名舉號以高光自擬也雖出彧口何害耶古今論彧者惟温公為當然至此而曲譊之亦過矣

孔明

孔明固無以逃東坡之譏矣然隆中之策已謂劉璋暗

弱欲玄德跨有荊益而後伯業可成也則益州不容於不取矣但當從容審處觀釁而動使其負在彼或令璋審己量力甘心退讓如陶謙之事庶幾不悖於義而孔明君臣急於成功不暇遠慮此所以負非於後世也惜哉

又

孔明賢者也然不聽楊顒之諫而親校簿書卒為敵人所窺不用魏延之策而誤信馬謖卒致街亭之敗二事皆其所短所謂智者千慮之一失也後人止見孔明之賢不宜有過遂一切從而為之辭所見陋矣

温公

温公所論國統離合之説曆數正閏之辯皆的然定見雖聖人復起無容易者矣獨黜昭烈與劉裕徐昪為比則稍欠厚且非春秋善善長之義也朱子既已正之矣後之學者於昭烈之事當從朱子而其餘評論當一以温公為定至如胡寅諸人淺陋之説皆斥而勿觀可也

晋元帝

晋元帝與宋高宗皆無中原之志者也高宗以李伯紀諸人為相張韓劉岳為將而不能復中原一寸土況晋元止得一王茂弘手偏安江左責固有所歸矣

崔浩

佛教之是非其與聖人之同異固難盡論縱使不是而與聖人異其罪亦不至於死也天地聖人皆以好生為德殺一無罪所不忍也況盡誅天下之沙門乎崔浩學術才智過人遠甚平生别無大惡止此一事得罪天地卒致殺身沉族之禍後之陋儒尚不知戒呶呶未已作俑者罪不容誅矣

王魏

高祖在位太子秦王皆人臣也王魏乃東宮之官屬耳使先是高祖遷二人於秦府而後臨湖之難作則二人

者將讎誰而君誰邪且秦王既誅建成高祖不以為罪而反玄為太子率土歸心焉使二人獨以為讎而不臣之是讎高祖也有是理哉

封禪

封禪者帝王受命而興升中告代之盛禮也七十二代皆嘗行之而管敬仲所記識者十有二焉其事詎甚明也陋儒不究古始嘗以為始於秦皇繆矣且封禪惟創業之君得以行之故謂之告代言其代某氏而君天下告于皇天云在唐則太宗嘗封禪者也高宗明皇踵而行之甚無謂矣然其失由於臣下不明封禪之義故致

當行而行者不知其為是而不當行而行者亦不知其為非爾

唐太宗

後世人君知太宗者可謂賢矣其所不及古人者在不知聖君大學之道不能正心脩身以齊其家故在位之時既不能擇正人輔養太子而託孤之際又間以李世勣許敬宗爲此所以身沒未幾而卒致武氏之禍宗社不亡者幸而已矣曾南豐不知議此而乃責備于法令禮樂田疇間嗚呼陋哉見矣

李世勣

小人受人恩如泰山可背而背之矣至於一言之怨則銜之入骨没身不忘也太宗之出李世勣也告太子曰若徘徊顧望當殺之耳此言世勣必聞之矣故受詔不至家中去銜此一言深入骨髓平生君臣契分皆亡之矣武氏之立世勣豈不知其不可然所以慫慂以成之者正所以報太宗疇昔一言之恨也嗚呼小人之忍也如此可畏也哉可畏也哉

婁師德

婁師德仕於亂世致位宰輔上焉者不能正色立朝見危授命下焉者不能見幾引退保身全節而乃兒爭相

最欲以唾面自乾忍辱苟免其事甚可鄙而其志亦甚可羞矣議者不此之咎而且論其情不情哭不哭得與失焉癡人說夢固若是耶可嘆可嘆

李泌

鄴侯之談神仙猶子房之從赤松不知者以為詭其知者以為有所托也要之君子之所為衆人固不識耳

陽城

君子小人進退天下治亂之幾當時事固無急於此兩者矣但君子知幾忠臣杜漸贄之退延令之進也豈一日之故哉其來也久矣惜乎允宗不能早見而預待之

耳

、維州之議

牛李維州之議溫公胡氏所斷皆一偏之見不足以定二人之是非惟朱子云李計譎而心則正牛議是而心則非可以定此事矣

宋太宗

孟子論堯舜傳禪之事而曰如居堯之宮逼堯之子是篡也非天與也宋太祖非嘗明告在廷許以天下傳晉王則天下者德昭之天下也太宗胡為而有之縱使果有金匱之誓可憑亦當內俟宋后之命外聽群臣之謀

如不相捨然後不得已法漢文帝之固讓而踐天子位焉則名正言順而天下後世無容議矣今皆不事此而遽爾改名即位居太祖之宮逼太祖之妻與子篡奪之罪雖家置一喙其何以自免於春秋之君子哉後世秉筆者當直書曰冬十月壬子帝疾晉王光義入是夕帝崩甲寅光義自稱皇帝前於晉王不稱弟以著其不弟入不言侍以著其意在弑奪非為侍疾而入也後并削其晉王以著其不臣書其自稱皇帝見其無所受命以著其篡必如此然後為至公之筆足以誅奸雄於既死而懼亂賊於方來也嗚呼嚴哉

、趙普

趙普奸佞之罪不容誅矣然所謂誤之一字則未為不是也蓋兄弟相傳以次及姪此古今天下所必無之理所必不可行之事也宋史所引吳楚之禍可鑒矣使普當太后遺命之時直以大義陳其不可曰昔周武王末年受命天下未定殘民未安成王幼而周公長且賢聖然武王不敢傳弟而傳子者恐兆亂也今上春秋鼎盛非武王比晉王雖賢又不及周公太后之命雖慈然非帝王家天下父子相傳大義恐誤也臣不敢奉詔於此言誤豈不偉哉捨此不言而依違兩可以致太宗兄弟叔

姪之倫幾盡倫滅晉不得逃其責矣而反獨歸其誤於太祖有是理乎吁晉也誤矣

呂夷簡

呂后欲王諸呂平勃尚且從之則其他遷就隨順者多矣然卒之安劉之功君子不以斷於平勃者原其心未嘗不在王室也狄梁公之於武氏亦然宋當明肅專制之時仁宗仁柔有餘而剛斷不足夷簡周旋其間匡扶調劑功亦勤矣他且勿論只如宸妃之喪倔倔危言皆人情所不堪而人臣所不敢若使有一毫顧忌阿附之意肯出此邪郭后廢子婦也不知感德而反以為怨

揑揣附比機巧之誘於仁宗即政之初即此彼悍亡忌一事觀之則后之不可為天下母亦可見矣況又以爭寵而乎傷帝頸乎使其不廢且死而得逞焉不惟離間帝之君臣抑將謀構帝之父子後來英宗决不得立立亦不得保全其為宋室之害蓋有不可勝言者矣孔道諸賢徒守書生之正議而不知經國之遠猷自此遂與申公相左致令國是不明者且數十年晚歲雖有辭位復辟之意抑已晚矣吁英銳之士倘遇老成而見偶不同者其尚靖慶沉思而以諸賢為戒哉

濮議

負衮端冕以有此身也知負衮端冕之為恩而遽忘生身之恩溫公於是為不知孝矣可惜可惜

又

歐公云云關於天地大義父子大倫萬世不容異也

又

使後世以濮議為非則韓公有愧於我使後世以濮議為是則我有愧於韓公此六一之自言也然則斯議也主於韓公而歐公不過援引經義以證成之耳劉定之云云乃爾是以為盡出於永叔而韓公未嘗講某義姑因人以成其事也豈事實也哉

常衮辭堂食

宰相自有常祿堂封堂饌皆一特異恩出於分外者也常衮辭之未爲不是而貪人敗類輒肆譏貶史臣膚繆之後書而與之遂使安石借口以駁温公之正論此讀書者所以貴於明理而知所決擇也

伊川

宋史成於崇尚道學之世之人其言意之間不能無所左右然即其所書者觀之則伊川遂衆自是立黨攻人亦居然可見矣又況其當時隱微情狀有人所不及知史所不盡載者乎嗚呼中庸不可能也如此夫

溫公申公大用未究明道召爲宗正丞未至皆不憖遺

蔡京

而蔡京八十歲猶不死天之欲亂人國也如此哉

欽宗

上皇當用种師道之計奉六宮以幸長安命大將屯守潼關欽宗然後幸襄鄧東南號召吳楚西北策應中原關陝而康王仍在河北招集山東河東河北忠義勤王之士以抵金人歸路京城之內則付之李綱外則付之宗澤等如此則氣勢聯絡勇力百倍將可以破敵拓土不但保守而已也然此非有越句踐漢光武之才不足

以辨足豈可責之欽宗之昏童哉千古遺恨可惜可惜

張浚

徽欽北狩高宗嗣位當是時中原雖俶擾而人心尚繫屬宋未遽亡也其亡決於李忠定之去而忠定之去決於張浚之讒然則亡宋者浚其罪魁也汪黄乃其從耳不待後來三敗之釁喪師蹙國即其懷私劾綱之時而欺君誤國之罪已不容誅矣

又

前劾忠定者為人所誤也今知其忠而薦之魏公亦可謂善補過矣

高宗

君父之讐高宗所親罹孝争之理高宗所固有無俟人之言矣況自禍變以來不但諸臣言之諄諄而上皇手書謂便可即真來救父母之語有良心者讀之其爲痛憤當何如極而高宗漫不加意日聽奸臣之謀南幸偷安宗社父兄舉置度外則其不仁不孝良心死已久矣及聞信王將渡河入汴恐中原忠義乘時推戴則已之大事去矣故勉聽宗澤之言下擇日還京之詔一以係中原百姓之心一以奪信王入汴之計其奸狡不仁抑又甚矣而論者乃許其良心發見是癡人前説夢也愚

又

高宗忘親事讎宴安江沱不仁不孝之尤者也故當時忠臣義士凡言及復仇雪耻者皆犯其所深忌而飛則又甚焉者也高宗積忿於飛必有露於外者秦檜張浚窺見其微故慫慂以成之耳繩以春秋之法搆也當伏萬代斧鉞之誅而淺見書生乃蔽其獄於檜賊遂使不仁不孝之君竟佚其罰是豈天討有罪之義哉丘公書法云云庶得之矣

秦檜

秦檜主和誤國之罪固不容誅亦不待論矣但謂金人所縱為之反間則不然也蓋兩國之勢强弱相當勝負未决彼欲和而不得此能和而不欲然後有待於間若勾踐之用宰嚭漢高之間范增是也金之於宋何俟於此當時中原已為金有大江南北蹂踐殆徧戎旗所指縱横如意自中已無宋矣高宗屢書哀懇欲削去尊號奉金正朔而粘没喝未之許也彼何畏於宋何頼於和而縱檜以為之間哉蓋怯懦不振忘讎忍耻甘心降虜者高宗之本志也前此當事變之初人心尚奮天倫未泯故汪黄諸人之奸不足以盡沮忠義之氣而和戰

之策雖然並進未歸於一也及檜之來則天下忠義之鋒已挫高宗偷惰之志已決而檜之奸又上足以投其君之欲而下足以箝千人之口解仇息兵之計行而不共戴天之讎遂置而不復問矣繩以春秋首惡之誅則高宗乃罪之魁而檜其從耳後人專罪秦檜而曲恕高宗非天討有罪之義也至謂為金反間則尤誤矣

、朱文公

文公之疏可謂忠且直矣但律之以聖賢告君之法格心之學恐猶未盡也易曰言有序悔亡又曰浚恒之凶始求深也當文公入朝之初君臣之交未定上下之志

未學也固必循乎先後之序而量乎淺深之宜庶幾其有感而易入也而乃於一日之間盡論天下之事盡指朝政之失盡斥天下之人肆言極詆畧無含蓄隱諱之意此加諸敵已以下尚不能堪而況人君乎況當朝將相諸人臣乎賈生所論皆經世要畧未嘗指摘臣下之短如文公之甚也而絳灌等猶不能容況孝宗之明不及文帝而其左右大臣之賢不及絳灌文公持此欲安其身而行其道亦難矣傳說以布衣入朝其言委曲將順不敢同於伊尹固也召公一代元老而敬德誠民之書卷阿來游之詩亦自與立政無逸之言迥然不同古

人告君固自有體也如是

廟祀

後世創業之君起自布衣與三代建邦啓土積功累仁由祖宗以傳及子孫者事體不同而儒者議禮往往强比而擬之此所以不厭天下之人心而卒致紛紜之論也以正義言之宋之太祖當如后稷正太廟東向之位而其僖祖可比姜嫄親盡之後則别爲立廟禘享之時遷于太廟東向而太祖暫就昭穆之列總群廟之主合食於僖祖之前所謂禘其祖之所自出而以其祖配之祖即太祖所自出即僖祖也如此則名正言順而事成

禮樂與兵朱文公諸人皆思不出此殊不可曉此說甚長當別論

、劉定之論宋朝諸君未嘗悖虐尤甚

劉公未嘗悖虐尤甚一語最為有見蓋宋之諸君雖不能用賢而能容賢雖不能行諫而能受諫故當其時端人正士進則攄發忠悃譏切時政得以申其蘊蓄之志而退則脫屣軒冕扶破網羅得以全其高尚之節以此鳴當年而傳後世皆由上之人不敢肆其悖虐保全而優容之也若夫後世視如土芥使以牛羊士生其時惴惴焉猶懼不免而敢盡露其所長以自表見于世乎嗚

吁周之上也貴而肆秦之士也賤而拘其信然㦲其信然㦲

道學

自南宋崇尚道學之後其學未嘗不行于上也而卒不能收善治之效未嘗不傳于下也而卒不見成命世之才由今觀之想望慶曆嘉祐之盛韓范富歐之風邈乎不可覿矣而况等而上之乎吁道學之明効大驗如此

元世祖

元之滅南宋與金滅北宋不同北宋無罪而金人恃其強悍蹂踐中原逼之南渡實為千古之恨若元世祖之

與宋欲息兵講好而宋人自開釁端拘囚信使輕挑強
敵自取滅亡不足惜也觀世祖此詔藹然王者氣象則
其初心豈遽有混一江南之意哉

又

丘公之論沒人已行之善採人未著之惡非春秋忠恕
之義也使元人滅金之後卽有吞噬江南之志則宋之
亡也久矣何待於遣使以愚之也哉南渡之初金使至
迂侮傲無禮甚至以詔諭江南爲名宋之君臣俯首聽
命莫敢誰何也元之初起強愈於金而宋之削也滋甚
然元何嘗憑陵無禮如金之施於宋者哉觀其聽廉希

憲之言遣郝經來使本以息兵講好為請德甚渥也而宋人肆其狂譎自取顛覆元猶需之十餘年之後而始加兵曲直是非昭然可見愚故曰南宋之亡自取之也

又

世祖元之賢君也自在藩邸尊禮儒碩如劉秉忠許衡廉希憲姚樞竇默諸賢皆極親信賴之創業垂統後世有述焉豈肯置儒於娼丐之間哉此必謝氏佗家濫惡之言決不可信

伯顏

伯顏取南宋從容如此庶幾王者之師矣回視粘沒喝

斡離不諸人奚啻冰炭而世人往往以夷狄并斥金元
繆矣

元

元之立國雖不純乎王政然任賢使能立綱陳紀布德
施仁拳拳以撫安黎庶為務者凡數十年劉氏乃溢惡
而擬之於秦秦豈其倫哉

又

中國諸侯用夷禮則夷之夷而進於中國則中國之此
春秋忠恕之心聖人天地之量也聖人所以嚴夷夏之
辨若惡其以夷而猾夏也非惡其用夏而變夷也故曰

夷狄之有君不如諸夏之亡也由今觀之元之與宋孰為有君孰為無君元之滅宋是為猾夏是為用夏其亦不待較而明矣彼托跋氏之君臣建置不在元人之上而王仲淹氏且進而帝制之況元人奄有四海為天下君中原民庶受其涵育德澤者百有餘年非受上天簡命曷以至此天命所在而人欲遠之祗見其不知量也而方妄援春秋以為說焉非惟不知天命且不知聖經矣褊哉丘公之論也歟

又

元之有天下大畧與托跋氏相類其君臣之賢亦正相

當魏之國祚稍長而未能混一海内元能致一統之盛而享國稍不及焉凡若此者君子所謂皆天也非人之所能為也或曰天地限華夷之界聖人嚴華夷之辨豈肯命夷狄為中華之主托致蒙古之事乃天地翻覆非常之變也曰是不知天道者也夫天道也者理一而分殊者也知其理一所以為仁知其分殊所以為義限其界嚴其分使之各止其所者分之殊也義也並生並育無適無莫者理之一也仁也斯固並行而不悖矣且所以限之嚴之者為有華而有夷也為華為華而夷為夷也設使中華無主與雖有之而失其所以為主之道而

夷狄之中有能卓然傑出足以整頓人物代天子民者生于其時則推皇天父母斯民之意亦何為而適莫其間必欲伸此而抑彼哉譬之人家嫡子不肖弗克負荷而族孽之中適有繼志述事之賢為之老者將誰付托也耶宋自徽欽不道崇信奸回囚奴正士招亂啓釁身辱國亡已不足為中華之主矣而中華之民則未嘗遂棄之也南渡之後父老望其旌旗者如望雲霓士女思其撫綏者如思父母而高宗漠然不顧益竄而南殺忠良以快仇敵之心甘屈伏以沮遺黎之志不惟不能為中華之主而且自絕於中華之人矣夫絕人者人亦絕

之人絶者天亦絶之此理勢之自然也當是時也皇矣
上帝眷求民主苟有可以濟世安民弭息天下之亂者
則天必命之矣何暇屑屑於華夷之辨哉況元之有中
華乃取之於金狄非取之於宋也元之帝中華乃用夏
而變夷非以夷而猾夏也其立國經制之詳愛民惻怛
之實具在史冊昭然可考忠恕君子平心觀之取舍之
極定矣且一爵一級分至卑也一飲一啄意至微也苟
非其人之所當有有終身役役而卒不得者況尊為天
子富有四海傳世十四五帝享國百六七十年非天之
命何以與斯而乃亦以夷狄指為翻覆謂君子不當仕

於其朝謂臣工不得盡心所事件繆甚矣是豈得為知有天道者哉詩云溥天之下云云王臣皇天既付中國民越厥疆土於元人矣當是時不待仕於其朝然後為臣凡居其土而食其毛者皆無所逃於天地之間也若知或者之說則生斯世也為斯民也將焉往哉其亦不道甚矣或曰若然則元之享國宜與漢唐並永而卒不能何也曰是正可以見天地無適無莫之心天下理一分殊之道也中華無主不得已而命夷人之賢者主之譬之以孽代宗者權道也歷時之久嫡後生子既長而賢則祖考所傳之爵位貲產為孽子者安得久假而不歸

哉宋金之季天下亂極中國之聖人未生而夷狄之賢
豪偶出天固不得已而付托之矣我
太祖者乃天地再合貞元再會篤生繼天立極之聖嫡
世誕膺天命以撫方夏兵麾所臨勢如破竹至正之君
不敢力爭血戰開門夜遁安知非冥冥之中陰有以啓
之也耶
太祖許其知天命而謚以順正以是耳夫其去也既以
中原有主順天命而去則其來也必以中原無主承天
命而來由是觀之則天之為民立君也於無所偏倚之
中而寓有所分别之意仁之至義之盡也故曰是正可

以見云云之道也或者昧此乃以為天地翻覆非常必欲誣斥不齒其亦褊之乎其為量矣惟聖人能達天德我
聖祖之見萬世臣子之所當遵者也嗚呼廣矣大矣

許衡

許魯齋與范質不同質為周宰相而後臣於宋分明忘君事讐故宋太祖亦以欠世宗一死譏之若衡者生元之土食元之毛責其為誰守節而以事元為不可貳没云云蓋以得君已專行政已久取名已多而功業不能如其所志以是負愧乃君子不自滿假之盛心然耳

祀典

孔廟從祀在古無有乃後世以義起之禮也然必其人真有得於聖道有補於聖經為天下後世之所必不可少者然後足以當之若周程以下數君子是也南軒東萊雖曰服膺聖訓實亦無大發明較之漢唐諸儒未必盡勝學者欲仰之私祀之於鄉先生之社可也而乃夤緣文公之交同躋七十子之間揆諸萬世公論未免過分况許衡乎後有作者如欲脩明祀典以厭人心則持此義討論裁正使之至當歸一斯可矣若夫元之當仕與否衡之為是與非其說甚長自當别論

許衡吳澂

許衡之生去宋已遠不惟其身未嘗受宋之恩爲宋之臣雖其高曾祖考三四世以來恐亦未嘗受宋之恩而爲之臣也其仕於元誠有可諉者至澂則嘗舉進士登名仕版矣親見宗國之滅不能報也而又委質焉謂之何哉丘公之論誠是

通鑑續編

張紳叙

此叙論國統分合偏正甚明但以太平興國四年宋始得統則與之太遲未厭人心後儒已論之矣

黃帝及炎帝戰于阪泉

以征伐而得天下實始于黃帝

曲端

曲端剛愎自用方命圮族之人也魏公殺之雖過而端之死實當此書稱其累立大功詳考前後殊不見端之立功何在也可謂私議

荆公使學者不治春秋

春秋本難治介甫必有所見也

陳賈請禁偽學

此當時諸君子矯怪驕亢之所致也未可盡歸咎他人

金世宗

金世宗可比漢文帝但文帝學術高耳

道學

慶曆以前道學之名未興也慶曆以後道學之名興而北宋亡矣高宗之時道學之徒未盛也孝宗以後道學之徒盛而南宋亡矣自當時迄于今日皆以攻道學者為罪而不察夫名實之際治亂之符隨聲附和惑亦甚矣道學之名乃諸先生自相標題云耳非他人設為此名以誣而去之也

罷侍講朱熹

踈遠之臣一旦入朝當且侍奄養腴少竢上下交孚然後漸紓格君之義亦無不可而文公亟於自用輕發强聒遂爲人君所厭寧宗云云可見是恐難盡委罪於小人也易曰浚恒之凶始求深也其文公之謂夫

角端

角端之出甚奇或者印度諸國乃佛氏出見之地故神通變見以止元祖之殺也楚材詭辭以對事雖不經然默契佛旨矣

三國志

蜀

許靖

靖避孫氏而屬意曹公者其心猶不忘乎漢室也觀其通書曹公舉以太公霍光望之蓋可見矣或曰不識操之不可以爲太公霍光也而欲附之不可謂知是不然以文若之賢周旋左右尚不知操之不可以爲齊桓至議九錫而後懊恨以殺身焉况文休遠在萬里之外乎

又

諸公皆改委質漢廷者也一旦忘君事讎恬不爲耻而靖終身不失爲劉氏臣子亦賢矣哉

馬謖

觀幼常策南中之事卒收成效則其智計乘長實非大言而無當者孔明不使之謀謨幃幄而乃令其親履行陣用違其長遂致敗衄雖兩分其罪可也且管仲三北鮑叔不疑其怯孟明三敗秦穆卒收其功法有議賢人貴使過孔明釋此而乃以孫武自誇蓋亦隘且忍矣昔生非之宜哉

姜維

姜維功名之士也其所建立多可稱述不止好學儉素一節之長可為儀表其所大負在於棄母爾君子尚友

論世當與溫太真同科

、後主

昭烈臨終令後主以父事亮故建興十餘年間軍國大權盡屬孔明後主拱默仰成而已此在中人必有所不堪者而後主略無芥蔕之隙及孔明不幸一聞李邈離譖之言赫然誅絶無少疑貳繼志述事之孝尊師重傳之誠後主蓋兩得之嗚呼其賢矣哉

魏

曹操下令

詳操此言未必盡出虛偽蓋一時義氣感激寔發肝鬲

知此但後來時移勢改遂不能踐其言耳

魏晉代興之符

亡秦者胡而秦不備胡討操者馬而操不知馬天示明戒而人不知豈定數難逃耶

毋丘儉文欽

司馬昭廢立不臣故儉欽舉兵討之事雖不克亦可以仲大義於天下矣晉史黨於元事皆以叛書遂使忠義之士反被亂賊之名惜哉

王祥

當是時國柄已移篡奪已兆而曹髦方且崇尚虛文忘

其初未白什者正當因事納忠舉履霜之戒發於斷之
機於幾微辨之於早而弭後來之變矣顧乃迂緩其言若
此蓋孔光諸佞之流也可惡可惡

魏晋

魏之取漢也躬行篡弑之實而文以揖遜之名乃曹氏
好詭創迹自身自古所未見者也不知司馬氏已竊睨
於其傍矣尤而效之殆有甚焉且漢之幽辱止於獻帝
而魏之罹害者三君反爾之報天道昭然後之亂賊其
亦知所畏矣

甄氏

易戒治容禮重從一甄氏者伏滕姑前生既志乎衣氏
感神洛上死猶祟乎陳思犯誨淫之大禁其弃醮之譏
德所謂大節一虧萬事瓦裂者也雖有他美亦不足論
而况多溢辭耶

諸阿附卓者皆下獄死

覩陳氏云云可以証王允非妄殺蔡邕非枉死矣

帏珩

帏珩立節全身埀名後世高於田豊沮授審配者人一
等遠矣

帏嵩

韓嵩諫表附曹表不從而敗世遂以此是嵩是殊不然曹操之志必欲並吞宇內盡除其僭而後篡漢自立非但親附所可免也觀周瑜魯肅所以為孫權謀者可見矣況表與曹本屬比肩一旦附從其勢先屈脫有不虞不戰而氣自索矣滕小國也偪於齊楚不能自存使他人謀之必折而歸於强大而孟子之策乃爾嵩也不足以語此

蒯越韓嵩傅巽

凡為劉景升父子謀者其好佞皆類張儀蓋小人之尤者也蓋儀知有虎狼之秦而不顧六國之社稷越嵩付

翼知有奸雄之曹操而不顧劉氏之存亡見利忘義可惡甚矣且琮與備同漢爲籓盟好二世琮既自知不如備諸人當勸以荊州付備而自　焉不猶愈於束手於漢賊也邪

陳宫張邈

陳宫張邈舍曹公而附呂布其愚甚矣身名俱敗乃其自取不足惜也

、劉備使操殺呂布

不縱猛虎食漢賊反殺猛虎怒賊臣世嘗以是致憾於

臧洪

孟子曰可以死可以無死死傷勇太史公曰死有輕於鴻毛臧洪之死可謂傷勇而輕於鴻毛矣徐氏之評誠爲允當

劉虞

劉伯安節行終始無虧君子人也惜不量力而輕排強敵自取敗衂惜哉

夏侯玄

太初所論經國遠猷也有志用世者當熟複之

孔融禰衡

孔文舉稱正平皆狂士而正平尤不屈節者也既非曹操便當超然遠引而乃依違不去慢侮致辱其不即死於老瞞之手者幸而免耳且疾惡曹操乃稱劉表之美不容口其爲繆妄尤甚文舉才疎意廣見忌奸雄死得其正黄正中止以驕傲斃於黄祖進不成名退不保身不足以言士矣

陳壽論荀彧

陳壽云云深足以明文若之心跡蓋文若死而後曹操不臣之心始肆明年加九錫封國公又明年殺伏后立己女篡勢日成炎祚日衰以其無所忌憚故也

◎

荀彧

荀彧匡世之功大於管仲曹操無君之罪異於齊桓後人因罪操而併訾彧固已過矣或者知取彧而遂曲恕操則亦非也要之二人始同終異其功與罪各不相掩耳雖然彧之始也不知操之不可以為齊桓而盡心以輔之其終也不能明正操之不為齊桓而擠昧以死之皆不可言智矣夫以彧之賢過於管仲而所就乃爾有幸有不幸也悲夫

荀攸

攸後彧死纔二歲耳彧以漢臣終而攸不免為魏尚書

令此其視蔑爲少貶哉

閻忠說皇甫嵩

此與山陰道士徐洪客說李密之策大略相似然在密則可在嵩則不可也蓋漢靈無隋煬之惡特制於奄寺積衰不振耳當時有英雄者出直當舉桓文之業若遽欲以湯武自處則陷於逆矣

程喜知管寧

幼安漢之遺民義不可屈身異代況是時司馬氏又已有篡奪之漸乎故危行以全節遜言以避禍而其中心之微蓋終身有難以語人者程喜獨能委曲回護白生

長云云不爲寧高似稍知寧者喜亦非常人也

管寧王烈張臶胡昭

管幼安王彥方張子明胡孔明當共一傳皆所謂不事王侯高尚其志者而幼安獨備潛龍之德確乎不拔聖人之徒也其餘御行雖高譽盡雖許然而非此其選矣邴原品格亞於王管而竟委質於曹氏之朝惜哉

崔琰許攸婁圭孔融

崔許婁三人皆以委身曹氏季珪邂逅致禍實出意外子遠子伯恃舊狎侮自取誅夷皆非曹操之所忌也惟孔文舉名高氣盛足爲英雄亦慽子孟德篡志將成而乃

偃然不肯捐下所謂芳蘭當門不得不除者也惜哉

鍾繇華歆王朗

三人皆身事二姓名行掃地而華歆親弒伏后罪逆尤重蓋賈充之流也文帝撫口稱賞其識趣可知矣宋太祖深知范質然惜其欠世宗一死英主所見賢於王遠矣

邴原華歆管寧

賈生曰使神龍可得而羈紲兮又何以異夫犬羊根矩誠高士然卒為曹氏所羈紲恐不可以與於神龍之盛至於華歆身爲弒逆不復知人間有羞恥事曾鬼蜮徒

蚘之不若而乃冒龍首之稱繆妄甚矣惟吾幼安不易乎世不成乎名遯世不見是而無悶確乎不拔真龍德而隱聖人之亞匹也

娥親

娥親固奇烈婦然不可以為訓蓋以女子而冒丈夫之事不可以言義有報人之志而使人知之不可以言智棄家伺仇不可以言貞必也父不受誅理當復讐白之官司可也聞之朝廷亦可也果若政亂財乘二者皆不得遂義已無奈何矣銜哀而訴之於其夫抱痛而遺之於其子無不可者何必冒犯非義履斯險道哉

春秋之義立嫡以長不以賢

孫盛所述傳子之常法也商之帝乙舍微子而立受其亡也忽周之文王舍伯邑考而立武王其興也勃必也支庶之中有大聖賢生焉為其父者寧當舍之而立中庸之主以誤天下蒼生也耶

王粲衛覬劉劭傅嘏

詳覽紀傳不見仲宣興制之詳也其與陳阮應劉俱文士之靡耳至於衛覬劉劭傅嘏諸賢謀猷足以禪國明達足以建事皆有用之才也乃猥與諸浮薄同傳而又次於其後陳氏之鑒別陋矣

姜敘

姜敘於冀州無城守之責於常康無君臣之義況康柔懦不用忠言自取敗衂敘尤無死其難之理而乃冒非其任并心殺毋以覬功名不孝之大者也王陵之毋明於興廢故害生以堅其子事漢之心敘毋雖烈非其比也皆不足為訓

楊阜

楊阜之賢不在於全冀州逐馬超乃在晚節立朝偘偘有大臣之風可敬也

鍾繇

古者諸侯君國子民故有毋以子貴之說然並后匹嫡禮之大戒成風定姒書以示譏非以垂訓也況鍾繇王朝三公與外諸侯不同安得秩其嬖妾以干典禮也哉此自士季私厚所生而時君曲徇之耳

王弼言聖人體無老子是有

孔子立言主於教人故循循善誘下學上達所謂中人以上云云是也老子著書主於明道故直指本真欲人易曉耳二聖言雖不同其歸一也今曰聖人體無老子是有岐而二之非但不知有無之妙且不知孔老之聖矣輔嗣之陋如此

吳

高岱于吉

高岱于吉雖方內方外不同然皆一時之高士也策逞其私忿無罪而妄戮之不仁甚矣大業不終凶而短折也宜哉

高岱沈友

高岱沈友才識絶人而卒不得其死者昧於儉德避難危行言遜之義也亂世君子可以鑒矣

李衡妻習氏衡每欲治家妻輒不聽

習氏誠賢識見亦誠高矣但書云惟土物愛厥心臧孟

子亦曰有恒産者斯有恒心設子孫允庸不克自振而先人又無以遺之不流落飢莩即放僻邪侈矣衡之計恐亦未可盡非也

張昭

孫仲謀自立乃在曹丕簒漢之後雖非漢之純臣然亦非漢賊也至於曹操逼脅主君覬覦神器四海所共憤也豈以子布之賢而不知其為逆乎松之以為伏順而起功以義立繆妄甚矣且謂子布匡弼孫氏上藩漢室似也不知望風歸順之後藩漢室邪藩曹氏邪如弍見也

薛瑩

語曰父子相隱直在其中薛瑩三世事吳身爲將臣一旦忍心反面暴揚舊君之惡略無顧忌其有愧於李仁多矣

呂蒙

荆州已爲曹公所有赤壁之役孫劉協力同心遂致克復盡湘爲界各分其半乃定理也呂蒙狙詐背約譎而取之失信忘義得罪于天封爵未下竟爾短折宜哉

權既疾張溫名盛而駱統方驟言其美

子由駁張安道救東坡事正與此類當合而論之

陸遜

伯言與關公書詞語甚誠心計極諂雲長坦懷推心竟為所斃遜之滅族禍實基此至於掩殺石陽族誅步闡又其次者耳

孫登孫和

登和二子繼承之良保業之主也咸不克終而乃留皓之凶虐以促其祀孫氏之祖父必有大得罪于天者矣

鍾離牧

徐氏之論甚是子曰素隱行怪後世有述焉凢牧之所為蓋不免於怪矣故史謂其由此發名然其事情曲折

猶有可論者始也民來認稻不與即爭君子固無所爭也既而長欲因已殺民不救則忍君子固有所不忍也斯二者皆理之所當然也獨還米不受異於不疑之金未免出於有意耳

是儀

是儀功業不及呂岱而清約純和與之相似故稱壽亦相次云每讀全傳令人嘆羨無已也

吳魏君臣

觀吳魏君臣互相傾間之謀皆反覆小人之事蓋又下於戰國縱橫之末矣可笑笑可笑

趙達

極數方可以知來一籌寧可以盡數此必别有覆射之術而假籌以誑人耳魏吳在運俱爲閏伯而魏據中原規模先定故當時英豪歸附此之二方最先且衆達欲全身避亂雖[redacted]迹于二荀程郭諸賢之末亦不為惡也何必遠涉江湖蹈踏僞朝卒被發棺之禍邪由此觀之東南王氣亦一時附會云耳裴駁孫議恐未允當

諸葛恪

元遜之才無䂓乃叔所不足者無德以将之耳此伐之論實與出師二表同出一揆援引証據極盡古今事執之

變不可以其無成而遂訾之也新城之敗亦類街亭但孔明反躬自責故人忘其敗而元遜愎諫自督故衆庶失望成敗之幾實決於此陳氏驕吝之説難改評矣

順渠先生文録卷之二終

順渠先生文録總目

卷之三

議論

把國有人章　周宣王之牧政章

周穆王篇　又

湯問篇　夸父不量力章

天福天罰　楊朱曰天下之美章

邯鄲獻鳩　說符篇

總論

莊子

一宅而寓於不得已

遊心乎德之和　是之謂才全

善吾生者乃所以善吾死

坐忘

有虞氏招仁義以撓天下

毀道德以為仁義聖人之過也

千歲厭世去而上仙乘彼白雲至於帝鄉

伯成子高謂禹德衰後世之亂自此始矣

孝子不諛其親忠臣不諂其君

合譬飾辭章

逮德下衰及燧人伏羲始有天下

無受人益難　仲尼問於太史章

盜跖篇　漁父篇

又　凶德有五中德爲首

荀子

樂論

心何以知道曰虛而靜

子道篇

楊子

總評

聖人不師仙厥術異也

頌齊功德

文中子

七制之主　心迹之判

元經　姚義論六經

十二策

中說考

序云學不法聖将奚則焉

九流　心迹

六經　帝元魏

建議仁壽云云

以佛為聖人而謂其教為西方之教

模倣論語

韓非子

小傳云喜刑名法術之學云云於黃老

史記所稱　初見秦篇

愛臣篇　五蠹

用間　孤憤篇

解老篇　善建善抱解

將欲取之必固與之解

堅年　顯學篇

忠孝篇　世之爲烈士者云云

錄卷三總目終

順渠先生文錄卷之三

議論

老子

第一章

此章乃五千言之肯綮千聖之要訣可以意會不以言
詮括其大致則與堯舜禹授受之旨中庸心法之傳未嘗
不脗合而無間也中庸已見於前其曰無云者道心惟
微之謂也其曰有云者人心惟危之謂也其曰常無常
有同出異名云者惟精惟一之謂也其曰玄之又玄衆
妙之門云者允執厥中之謂也堯舜禹之道惟其如此

故曰惟天為大惟堯則之巍乎其有成功煥乎其有文章有天下而不與焉老子之道惟其如此故生而不有為而不恃功成而不居也蓋其所以成所以有所以生且為者皆出於人心之危有欲之徼而其所以則天所以不與不有不恃不居者則皆原於道心之微無欲之妙為之主也學不見此不可以言道人不得此不可以言聖謂之道德之微言信不誣矣惜乎聖賢不生曲儒異說既不得乎彼而因併失乎此然則學者不見天地之純古人之大體道術為天下裂也豈一日之故哉

夫禮者忠信之薄而亂之首也章

按史記諸書皆稱孔子嘗問禮於老子且有猶龍之歎其所得者當不淺矣今觀老子之言其薄禮文也如此然則孔子之所問者果何事耶凡記所謂吾聞諸老聃云者類皆膚淺支離決非聖聖相傳之奧至莊子云云似矣又多寓言而人亦弗之信也然則孔子之所聞者果何事耶嘗覩論語載孔子之言曰人而不仁如禮何能以禮讓為國乎何有不能以禮讓為國如禮何大林放問禮之本曰禮與其奢也寧儉喪與其易也寧戚見舞八佾者歌雍詩者則皆非之曰禮云禮云玉帛云乎哉樂云樂云鍾鼓云乎哉如用之則吾從先進也凡若

此者不一而足自今觀之所謂仁也讓也儉與慈也非老子之所謂忠信者乎不仁不讓不從先進而徒事夫歌也舞也玉帛鐘鼓也非老子之所謂忠信之薄者乎三聖授受之妙其或在此蓋禮主於儀章度數之文本不足以當仁義道德之實故其出於忠信者孔子之[illegible]取而其不出於忠信者老子之所棄老子之言執古御今之極致孔門之學撫世酬物之常經雖若不同而實互相發也後儒不見古人之大體妄有差別其分於道也未矣或又曰孔門之教主於求仁易言立人之道曰仁與義是仁義即道也老子乃岐仁義於道德而上下

之曰大道廢有仁義曰先道德而後仁義也其異於聖人者如此愚竊以為此亦不見古人之大體而妄有差別者也易之仁義與陰陽柔剛並言然嘗曰易有太極是生兩儀又曰仁者見之謂之仁智者見之謂之智故君子之道鮮矣夫兩儀即陰陽也仁智猶仁義也陰陽之上有太極仁義之上有君子之道老子先道德而後仁義之意何以異此若夫求仁之說其大端有二有以仁之統體言者則道德仁義皆在其中如克己復禮之類是也蓋克己者致虛守靜之要復禮者歸根復命之常而所謂天下歸仁者即知常容容乃公公乃王之效

也有以仁之一偏言者如曰愛仁之類是也是乃仁之
正名實地專指其薰然慈愛利人濟物者言老子所謂
先道德而後仁義也其他因材而施隨病而藥言人人
殊然其要歸不出此二端矣至其曰志於道據於德依
於仁游於藝云者則又於老子之言若合符契者也蓋
道體至無無容著力以心盡之而已故曰志於道德有
一而未形可守者也故曰據於德據德亦猶所謂抱一
守一也謙虛濡弱慈儉不敢為天下先者依於仁也始
制有名名亦既有夫固將知止者游於藝也三者又皆
以其應用者言也此其先後之序輕重之倫不約而同

也如此但老子主於明道故擾其極而孔子時畧下一
等言者因人而立教也譬之釋氏老子專為求最上乘
者說而孔子則未免於接引鈍根云耳善學者於此默
識而旁通之見其異而不失其為大同也見其同而不
害其或小異也則庶幾夫天地之純古人之大體而道
術之裂或可以復完矣嗚呼希矣

列子

有生無生有化無化章

列子之書莫有精於此章者矣然擬諸老子有名無名之
言莊子生天生地之論祇覺其纏繞支離無味可嗜自

得之言必不如此具眼者當自知之

太易太初太始太素章

老子曰道生一一生二二生三三生萬物道無極也一太極也二陰陽也三陰陽交而生和也此數言者明白簡易其論天道無餘蘊矣莊子有始未始有始未始有夫未始有始之論未免意在作文已失之贅而不明至列子太易云云則更儱侗而支離矣且易字本以陰陽變易得名若未見氣安得有太易之稱况下文又曰氣形質具而未相離云云故曰易也其矛盾不已甚乎凡此皆大無所見而綴為大言以冒大道意其或中而不

知由明者觀之一顛撲而粉碎矣餘論皆同不能一一

扶摘

子貢願息章

至誠無息者聖人也自強不息者君子也子貢學於聖門而以息為問幾自棄矣故孔子歷告以事君事親妻子朋友耕稼皆非可息之地必至於死而後可焉蓋勉之以自強不息之功而進之於至誠無息之道也傳者失其立言賓主之辨而又附會以生苦死息之說則繆矣此章當以荀子所載為定蓋方內方外言各有當也此等議論淺而無味決非有道之言孔子曰未知生焉

知死又曰朝聞道夕死可矣老子曰善吾生者乃所以善吾死也釋迦曰生死事大古聖其於生死鄭重如此若知此論則是浪死以避有生之苦耳何足為奇

晏子曰善哉章

孔子曰未知生焉知死又曰朝聞道夕死可矣此與西方聖人宗旨相契蓋生是因死是果生能明心見性謂之聞道則死時隨其道力淺深各有歸着如四聖六凡之類是已由是觀之則生時所用工夫全要死後受用聖人寧肯容易死耶今列子所論不作生時聞道功課專要求死以息煩惱即此一念厭生求死之心便是輪

廻種子自此流浪生死若海何時出脫愚故曰淺而無味非有道者之言也

杞國有人章

佛氏亦有劫壞之説然於我真常妙覺原無加損故楞嚴曰空生大覺中如海一漚發有漏微塵國皆依空所生漚滅空本無況復諸三有又曰一人發真歸元十方虚空悉皆銷殞觀此則天地之壞亦是常事向上更有當理會者在也

周宣王之牧政章

此書往往裁取莊子之文而附益之辭有精粗義有淺

深要皆此取于彼非彼取此也以是觀之列子非原書也無疑

周穆王篇

穆王一篇渾是一段文章中間語雖不屬而意實相承或以為獨此為列子之本書其信然歟

又

列子一書往往精粗靡雜首尾衡決使讀者無以尋其指要之所在獨穆王一篇終始一意乃是極言浮世之飜覆無窮之變如幻如夢欲人早自覺悟莫生執着係吝于其間與西來宗諦暗相符契最宜深味者也林解云

云得之甚淺

湯問篇

湯問一段極為廣大不可致詰之論或者儗諸逍遥遊是固難以言語辯也惟善讀者詳味其旨之淺深意之泛切文之高下庶乎可以默而識之矣

夸父不量力章

老莊之書通篇止是發明一箇意思所以其書如常山之蛇首尾相應々成一家言此書雜記既不相連屬精粗麗亂漫無倫次讀之不知其為何義而發若世之叢記小說者然以之並列於二家之間甚非其類也

天福天罰

可生而生故箕晏嬰之類也可死而死龍逢比干之類也可生不生子路之結纓也可死不死揚雄之投閣也天福天罰事在叅見

楊朱曰天下之美章

莊子亦有堯桀兩忘夷蹠並弃之論抑揚之過誠不能免然其宗旨在於使人明心見性歸於大道與佛家所謂不思善不思惡方是本來面目同一機括非漫為是悠謬之論也若列子此等議論則他無所見直欲率天下於淫僻之歸而已不亦妄乎

邯鄲獻鳩

近有建積谷救荒之議于朝者曰歲郡若干石邑若干石以是課守令之殿最焉言官駁之曰是無益于他時之荒政而適擾乎今日之疲民不知已之之爲得也愚聞而笑之適讀列子獻鳩放生之論事若有相類者爲之撫卷一嘆云

說符篇

說符一篇雜記異聞具有法戒儗諸後世稗官小說此當爲勝若曰發明大道厠之河上漆園之間則吾不知也

總論

世儒言方外之學者曰老莊或曰莊列亦取其書次而並傳之然莊子篇末歷叙古之道術而不及於列子楊朱固有可疑及取列子之書讀之又見其駁雜無倫愲於大道實非二氏之比豈御寇與朱嘗學老子之道而所得未及關尹歟抑其書晚出果爲後人所亂歟愚既疏其所可疑者於逐條之間端而并附其大者於此以竢求正於君子云

莊子

一宅而寓於不得已

莊子論世故至了只歸之不得已三字乃其受用處也

遊心乎德之和

易曰保合太和中庸曰致中和老子曰冲氣以為和知和曰常與莊子此德之和皆一義也天地間只有此一和字向上更有中字無中做和不出故子思兼言之至他經訓有單言中者則和又在其中矣建中建極等類是也此等處須着得洞徹方是實見

是之謂才全

孔老莊佛雖蹊徑不同然歸宿究竟處全在於此妙矣妙矣

善吾生者乃所以善吾死

堯舜兩忘而化其道即所以善吾生如此則眼前脫洒末後亦脫洒矣故曰乃所以善吾死也此二句乃佛經中一真諦說者不足以知之

坐忘

一日克復便是坐忘天下歸仁便是同於大通但學者不能如此體會耳坐忘之說即是絕四之論由漸而入則克己其工夫也但莊子說得奇異耳口義云不可執此以求顔子則亦非知坐忘之趣者

又

坐忘舊註云端坐而忘故曰義亦以面壁之事形之愚竊以為不然坐猶立也坐忘猶俗云立辦立成有忽然俱忘之意君謂端坐而忘則動時不忘耶姑記以竢識者評之

有虞氏招仁義以撓天下

孔子曰巍巍乎舜禹之有天下而不與焉又曰無為而治者其舜也歟又曰後世雖有作者虞帝弗可及已其言拳拳於舜則其不歸於後世之意隱然自見矣莊子乃並有虞氏而貶駁之誠為過當但其意主於反朴還淳不得不充其詞以警省沉濁之耳目所謂不可與莊

語者也

毀道德以為仁義聖人之過也

孟子之言仁義禮樂合道德而言也莊子之言仁義禮
樂外道德而言也非莊子外之當時為仁義禮樂者本
自外於道德也能會此意則孟莊之言若相反而實相
為發明矣退之譏老子以煦煦孑孑為仁義若謂老子
不識仁義者然殊不知玄聖旣遠道術分裂天下為仁
義者本自煦煦孑孑老子安得不小之哉程明道云見
世之為仁義者甚煦煦孑孑見世之功名甚是閑其言
與老子合世儒知尊明道而乃動闢老莊為異端可謂

孥子躬而攻父母矣畢竟並子躬亦不識其面目

千歲厭世去而上仙乘彼白雲至於帝鄉

無名人曰予方將與造物者為人厭則將乘夫莽渺之鳥出乎六極之外而遊乎無何有之鄉以處壙埌之野

廣成子曰余將去女入無窮之門以遊無極之野云云與此千歲厭世去而上仙云云皆超昇之說也後世言神仙而祖老莊以此然其道則不外乎二書之所言服食脩煉種種幻妄未之及也

伯成子高謂禹德衰後世之亂自此始矣

考邵子經世書大禹八年入午會已爲一陰生之界矣故

德衰之說往往見於諸家蓋自古有是言也雖賢孟子許多分疏終覺出脫不下槩世變者增慨而已

孝子不諛其親忠臣不諂其君

莊子既以可不可為一貫不同同之為大矣此却以同於世俗為不可何耶蓋欲以必於道則恢恑憰怪通而為一而况於世俗之情乎故曰作易者知盜也取必於俗而去道遠矣莊子所以非之也耶如今世舉尊宋儒之學習以為俗牢不可破若自具道眼者觀之則皆得聖人之一肢皆任所取而不棄矣然未嘗為其所歷也若彼習俗之人則既弊於支離末說必不能見天地之大

全世俗之不可同也如此

合譬飾辭章

孔子與回言終日其餘不得而與聞也故曰中人以上可以語上也云云又曰莫我知也知我者其天乎又曰知德者鮮矣由是觀之孔子固未嘗通是非以聚衆而莊子之言亦未必為孔子發也但聖人道大德宏其獨得之妙不可通於衆人者則存而不論以竢乎其人而其循循然以教人則是非之可通者也莊子語上遺下固憤世俗之汙濁不可與莊語亦佛氏所謂為發最上乘者說也使遇孔子當在捧喝之列矣

逮德下衰及燧人伏羲始有天下老莊此等言語雖若抑揚太過但以康節經世之書考之唐虞已在巳會之末夏禹即入午會之初一元陽長之會已終而陰消之會伊始其氣象當自有不同者矣非識洞今古道貫天人與造化為徒者烏足以語此哉

無受人益難

決性命之情以饕富貴者不足論沮溺荷蕢之流又失之果也必也畏人而襲人處世而出世同而異異而同也庶乎其免矣甚哉無受人益之難也非見道之精涉世之熟者烏足以語此

仲尼問於太史章

此章言人國於造化之定數不能逃也但當順之而已雖然知道者必明於理明於理者必達於權若夫茍焉以自放而委之曰命又非君子之所知矣

盜跖篇

老莊見世之為仁義禮樂者皆襲其麁跡偶其大形而忘其本日趨於偽以相欺誑故奉拳立言欲人宿道歸德返朴還淳以復其虛無恬淡寂寞無為之真其意甚善而其言亦甚不得已也讀者不察遂欲借老莊之言以快其恣情縱欲之計其流卒至於蔑棄禮法壞亂風

教而國家隨之如两晉之禍是已盜跖諸篇即是此輩為之竄入荘子書内後人不能致辨遂至並傳當直從删去可也

漁父篇

漁父一篇文雖不類荘子而説理甚精若是後人依托私撰則其人亦非凡士矣

又

子貢所言乃孔子之諸餘而漁父云云者實孔子之真精所謂上達之妙非中人以上不可以語上者荘子借漁父發之盖恐後之學孔子者不得其本真而徒守其

緒餘遂使大道爲之下隱耳

凶德有五中德爲首

釋氏以眼耳鼻舌身意爲六根而意爲最以色受想行識爲五蘊而識爲最與莊子所云凶德有五中德爲首者暗合蓋或五或六在內在外皆不出此數者而已至陰符經云天有五賊見之者昌其所謂賊即莊子之所以也易曰乾恒易以知險坤恒簡以知阻則老莊佛氏之諦皆在其中矣知道者默而識之可也

荀子

樂論

此篇增損樂記之文以辯墨子非樂之説詳其文義是此取乎彼非彼取乎此也然則樂記已在荀子之前説者謂爲子夏所作理或然矣

心何以知道曰虛而靜

荀子此段論心術之妙似若有見然實無頭學問也蓋心之所以虛一而靜者以其所蘊之性至善故也若性本惡則靈明之府盡爲惡業所盤據焉能虛一而靜耶惜當時無以是詰之者

子道篇

孝弟順德也故古之孝子拳拳於順親而古今論孝亦

必曰孝順孝順云至於不得已而有幾諫之事焉亦必親之過大將得罪於天得罪於人而人子愛親之切不忍坐視乃從而微諫正之間十一耳荀卿著書以子道名篇則凡人子之道所當盡者甚多顧無一語及之而首以從義不從父為言使世之悍戾之子執此為訓動輙忤逆曰吾從義不從父也則父子之天滅矣吁率天下之人而禍孝者荀卿之謂夫荀卿之謂夫

楊子

總評

子雲知賢兩龔高子真珍君平而乃甘心於莽大夫何

也千古遺恨千古遺恨

聖人不師仙厥術異也

聖人即仙也又何師焉聖道即仙術也又何異焉子雲不足以知此

頌莽功德

稱頌王莽或以為媚或以為諷或以為遜皆非也子雲在當時物望亦輕觀覆瓿之嘲可見而子雲又素號沉默非炫耀以求知者其所著書未必能達於莽也何所媚何所諷而抑何以遜為哉莽之好足以欺世頌其功德至四十萬人雖杜欽谷永之流亦俯首歸服之不暇

况子雲乎子雲淺陋爲莽所欺所謂勤勞云云者盖皆以爲實然而稱之也吁亦可愧矣

文中子

七制之主

取兩漢最爲有見比後儒貪高慕遠旣想唐虞三代者虛實自不同也

心迹之判

此段邵康節以爲聖人之言而程伊川乃以爲亂道學者默識而有得焉可以知三子所造之淺深矣

元經

論世變及續經處皆有深意非苟作者也後人輕肆譏貶誠爲吠聲

姚義論六經

聖人雅言詩書執禮禮必與樂俱而詩又樂之章也四經具矣獨易以天道幽渺非初學所可驟語故少緩之若夫春秋則魯之國史夫子晚年方加筆削然以義度之當亦未敢輕以授人也傳授先後之序如此而已姚義之論皆是支辭衍說而仲淹曲爲印可過矣

十二策

正始之策房魏賈生惜不得其詳也若自擬周公則恐

太過

中說考

序云學不法聖將奚則焉

所謂法聖者法其道耳非謂模倣其言語依倣其形迹以為標榜門墻之地也孔子嘗祖述堯舜矣曷嘗自作典謨嘗憲章文武矣曷嘗覬為訓誥蓋宗其道而已仲淹之學雖不為無見而其平生所汲汲者乃不出於言語形迹之間故先儒以僭經罪之然瑕瑜不相揜也其好處自不可沒今欲取其可取而並與其僭經為是是矯枉而過於直也恐不可據

九流

九流之説亦不差蓋道只是一箇源頭其流為派別遂有九焉九者雖殊苟即其一而精通之則亦可以達乎其源所謂千蹊萬徑皆可以適國也既達其源則九者之名亡矣儒道二家其入為近然許行農家其言亦不可忽也非見大道者不足以語此

心迹

邵康節謂仲淹此言通於造化其知之深矣周公不得不使管蔡孔子不得不以昭公為知禮此二聖人者心乎迹乎舉此以例其餘則心迹之判久矣

六經

聖人雅言詩書執禮過庭之訓偶不及書者或就伯魚所可及者語之耳樂與詩一也故曰樂正雅頌各得其所春秋之成最晚聖人原未嘗以此教人也觀罪我之言可見矣易不易言故後之此說支離可厭

帝元魏

仲淹之進元魏躋與春秋與楚之義合故取之然春秋之義非世儒所知也

建議仁壽云云

賈生告漢文亦以改正朔易服色諸事為首仲淹蓋襲

之也然誼實本於孔子告顏淵為邦之遺意古人蓋自有見恐不可厚非

以佛為聖人而謂其教為西方之教

教指其削髮出家等事而言是惟西方可以行之若其道曷嘗不放諸四海哉

模倣論語

孟子願學孔子而七篇之中無一言模倣論語者此真善學孔子者也使仲淹有子與之見則直寫胸臆以待後世可也何暇竊竊然捧心効顰至如是之陋耶

韓非子

小傳云喜刑名法術之學而歸其本於黃老

歸本黃老之言司馬遷淺陋不學之甚者也申韓何嘗

參黃老影響

史記所稱

皐陶稱舜曰帝德罔愆臨下以簡御衆以寬其下所云

正箴簡之實也天地之化帝王之德全在於此正不欲

引繩墨切事情明是非也而非一切叐之觀其言全欲

人主以威刑劫制天下其得罪於天地甚矣司馬遷乃

以是稱之所見甚繆

初見秦篇

王者之兵主於伐暴救民非欲貪其所有盡滅天下之國而後爲快也韓非之見與此正反且歎斯諸臣之所已謀而孝公以來諸君之所已行而有効者也秦之併天下固由於此其所以斷世而爲天下後世稱無道首者亦在於此非也無能改於其德亦已甚矣乃復欲盡掩前人之長而篤出其上使其得志其爲天下禍也又將何如耶其得免於車裂之酷三族之慘也已爲幸矣

愛臣篇

此等議論皆在可否之間蓋由聖賢之心而用之則亦人君制馭臣下之不可缺者共範所謂三德是也否則

聰明太過而人無所措其手足其害又有不可勝言者矣

五蠹

五蠹之害人君所當亟知者也孔明以申韓教後主正取諸此類也

用間

秦間由余齊間孔子其智一也言此而不及彼非貴僻耳

孤憤篇

篇中所論曲盡奸臣蔽主之情狀可謂切於事情矣然

其意在傾李斯而致之權耳使二人易地而處則斯未必不能爲此言以傾非也反覆譎詐之人不可盡信君子不以人廢言取節焉可也

解老篇

解老之言多非老子本意所謂郢書燕說者非殆以自況也就其中擇其不背於理者取之亦觀一節之義然以之强合於老子則鑿矣

善建善抱解

老子善建善抱與善言善行善計善結相類皆大道無方隨處皆圓之意也非之所解非其旨矣但其通章自

為一理不可漫觀至於善建不拔善抱不脫之説尤切於學道用工之要所當體而玩之也

將欲取之必固與之解

此解全非千古誣老子者實自此始非之罪大矣

竪牛

古今此類甚多如驪姬之殺申生趙高之殺扶蘇江充之殺戾太子是也又有以子而加父者如趙李兑之於主父唐張后李輔國之於肅皇宋李后之於孝宗其為悖逆天地所不容者其初皆由於為之子者父者不參而備聽一人而已矣

忠孝篇

文理之評詭道之辯大抵與李斯坑焚之事是古非今之法同出一轍二子者卒欲行之於世故不相容而卒致殺身之禍則一而已

世之為烈士者云云

佔淺恍惚之說暗譏老子也司馬遷乃以非為歸本老子置之同傳所見陋矣

卞先生文錄卷之三終

卷之四

議論

韓文

禘祫議　　與馮宿論文書

答元侍御書　　順宗實録載陽城事

三蘇文

潁濵撰東坡誌銘中云云

老泉易論　　禮論

項籍　　養才

儒者可與守成　武王

范蠡　子思

又　韓非

制策中論文帝所以為失者是用老也

漢之禍九六變

宰相不當以選舉為嫌

楊雄　孝宣之治優于孝文

堯不誅四凶

延州來季子張子房皆不死者也

孔北海

洪範五事説　又

性善之説　舜

夏　又

周　衛

秦　始皇

劉玄德　梁武帝

管仲　伍子胥

隗囂劉表　馮道

荀卿　又

劉焉劉

宋文鑑

秦觀石慶論　宋祁治戒

劉恕自訟　尹源答客問

林希書鄭玄傳

近思録

太極圖說　心

明道論性　程子不取坐忘論

自漢以來儒者皆不識此意

動箴　兄弟之子猶子也

仲弓　明道論上事

盡心知性知天

大人者不失其赤子之心者也

仁義之實　又

孝弟為仁之本　又

仁者人也章

程子謂不可專以愛為仁

知者無不知也章　喪父長子不娶

經權　又

主静　顔子

説詩
朱子不取東萊讀詩記
唐太宗樂毅　大畜卦
太極圖　二程師傳
性理大全
性學　又
純心　心
辨物論
程子論人臣不得用天子之禮樂
伊川諫哲宗折柳枝

文録卷四總目終

順渠先生文錄卷之四

議論

韓文

禘祫議

韓公此議甚是且謂禘祫之時景皇帝宜從昭穆之列可見禘祫之禮昭穆咸在不止如伯循所云云也但未嘗明獻懿二主宜藏何所且前既以夾室為非矣又取禮記所云藏於祧廟百代不毀之說不知夾室與祧廟何所分別有尊卑否也凡此韓公皆未明言獨朱子推之以獻祖為始祖百世不遷懿當遷於西夾室云云愚

恐此自朱子意耳韓公之意未知果何如也且既曰太祖便當居太廟東向之位今云以次列於諸室甚是不通

與馮宿論文書

桓譚繆妄已不足道退之識見乃止於此深可憐也至於侯芭阿私所好又不足責矣

答元侍御書

選文者以文為主故遺棄此等書疏人鮮讀之然實皆有關係於世教者也

順宗實錄載陽城事

凡亢宗所行皆賢者過之之事非聖人中庸之道也學
者知之而已

三蘇文

潁濱撰東坡誌銘中云云

溫公且死以銘屬東坡東坡亟稱其賢銘可覆也二公相與何嘗有芥蔕而子由云云乃爾是不惟不知溫公且不知其兄矣此與歐陽公銘范文正公中載與呂申公解仇之事而其子忠宣力辯以為不然事甚相類蓋人苟不相知雖父子兄弟猶不免於矛盾而况他人乎

老泉易論

易者天地陰陽交易變易自然之理聖人模之以畫係之以辭而又教以卜筮以前民用無非體天地之撰以開物成務而已老泉以為聖人機權云云全未有見

禮論

五典天叙五禮天秩聖人因而節文之耳故曰禮非強世若如老泉之說則是君臣父子兄弟之倫皆人所本無而聖人強安排以服人也豈理也哉

項籍

此篇乃文士之見取其文足矣究其事實件件不通也何也項羽未嘗不得入咸陽也使能畜威挾德以鎮撫

秦民則秦民戴之如戴沛公矣何難而不得強而臣耶惟其殘暴之甚如水益深如火益熱故秦民轉而望救於他人耳孔明跨有荊益之策已定於草廬三顧之時蓋當時曹氏據有中原孫權據有江東含荊益二州英雄別無用武之地矣後來先主蹉跌荊州又爲孫權所並勢不得不歸於蜀豈秦漢故都可爲我有而顧棄之以就劍門之險也哉書生不顧事實強於立論也如此

養才

蘇氏父子此等議論甚多皆亂道也自古奇傑之士孰有過於伊呂伊呂何嘗專於才而薄於道德又何嘗酗酒

嗜利越禮犯法以自縱於聲色耳目之欲也然人果出此負氣不羈是桀黠盜賊之雄聖王之所必誅而不以聽者也若任之以權尊之以爵是為虎附翼其禍天下也不旋踵矣

儒者可與守成

伊尹太公周召之流進取則非陋戰牧守成則經洛訓挏何施不可叔孫通蓋度已所能而遂執以議天下之儒者陋矣東坡不就此立論卻乃遠引三代云云意思衡决殊無關鍵但文可取耳

武王

坡公此論詞嚴義正萬古斷案使武王復生亦將心服
而固儒不通頑加排斥所見陋矣獨許荀文若為近伯
夷則恐非倫過竊謂文若有管仲之才之功而無管仲
之過盖純乎伯者之佐也

、范蠡

鳥喙言其毒也蠡之治生循後世蠶絲結帽之類所以
寄興云耳何害於道而又何毒於人也邪且好貨之所
以可賤者謂其積而不能散如守錢虜是也蠡也三致
萬金之産而三散之此豈尋常富貴之士所能窺其際
哉成士綺識老子生熟不盡於前而積歛無涯正與東

坡相似

子思

性本善也孟子道性善本高於荀與楊也但性之所以為善者孟子未嘗一語及之而其所謂性善者則皆指情而言夫性本善而無惡而情則善惡兼者也彼二子敢為異論以與孟子角者其以此歟

又

孟子之失在於舍性而言情而不在於取必於天下之人也使其直指本真示人以本來面目則趙州狗子亦可以成佛尚何天下之人之不可必耶

辯非

古今舛謬無當之言莫過於司馬遷之傳老子與申韓之甚而儒者承訛襲陋竟無一人稍知辯其不然者亦可怪也老子之道上與羲皇堯舜下與禹箕孔子脗合無間學者苟取其言虛心潛玩當自得之不待詳舉也至其大旨曉然明白人所易知者如以慈儉為寶以殺人為戒以用兵為不祥一書之中屢致意焉曷嘗有慘覈少恩與申韓相似者哉嗚呼非聖者無法愚嘗謂司馬遷之下腐刑由於誣老崔浩之被族誅由於詆佛此天理之昭然者吁可畏也

制策中論文帝所以為失者是用老也

文帝躬脩玄默以德化民全得之老子先儒云漢雜伯矣愚嘗謂文帝乃康節所謂伯之皇也

漢之禍凡六變

孟子曰天下之生也久矣一治一亂而說者以為氣化盛衰人事得失蓋亙復相尋而無窮也由是觀之雖聖人固不能逆知天下之變而盡彌之也要當其時能通其變使不至於大亂而已使景帝之世有聖人在上必無七國之禍元成之世有聖人在上必無王氏之簒冲質桓靈之世有聖人在上必無宦官之權獻帝之世有

聖人在上必無曹董之變惟其不然所以氣化之衰者益衰人事之失者益失而卒至於不可救如此也後之君子不幸而當世變之衝則亦盡吾所以弭是變之術而已固難逆料其後來之何如而朝文暮質旁寛驟猛以曲狥之也

宰相不當以選舉為嫌

宰相賢矣雖守定法而不害其得人否則適已自便以私滅公始則賢否倒置終則威福下移人與法兩失之不但賢愚同滯而已故凡為人臣不以守法奉公為賢而必以破法自便為貴者必奸雄也常袞之賢愚同滯

未必盡公公則必不至於賢愚同滯若崔祐甫之除吏八百亦除其法之所當除者爾愚嘗待罪銓曹一月除官幾至千人何嘗出於法之外哉

揚雄

予平生不喜揚子雲每見先儒稱之太過甚是不平及讀蘇氏父子所評始爲至當可謂先得我心之同然矣

孝宣之治優于孝文

文帝不必綜核而後治故臣下有過往往務爲掩覆所謂容之如天載之如地也宣帝道不及此所以綜核詰責而後始治可舉此其優劣較然甚明顧乃襲崔寔之謬

以劑孝宣其優於孝文陋矣

堯不誅四凶

書明言流放竄殛為四罪而殛尤重故箕子曰鯀乃殛死是豈使之為遠方之君也且四凶之惡皆有明文安得不謂之大奸但在堯時伏而未發及舜攝位始各露其不逞之心而舜得以按其罪而誅之史記變字别有義意或者借此中國罪人以警戒四夷而變化之也惟曰舜歸而言于帝之言則甚有理可以補書之所未備蓋是時帝堯尚在舜決無擅誅其舊臣之理先儒亦嘗云云但得史記此言尤為有據可信也

延州來季子張子房皆不死者也

此見甚奇妙蓋神仙不可謂無然必須若個人也乃能為之豈世俗吐納小術所可輕擬哉

孔北海

此扶世教之論也雖軒輕過當亦不害其為正若寃其實則文舉恐非撥亂反正之才而孟德决不肯受制於其手也至謂公使備誅操無難此言尤為大而無當何也文舉雖雄不及孔明孔明輔先主據荆益屢身從事終未得中原寸土而謂文舉可使備誅操談何容易

洪範五事說

古註貌屬木言屬金視屬火聽屬水思屬土蔡傳貌澤水言揚火視散木聽收金思通土東坡此說皆與之不同

又

以貌屬脾土思屬心火覺有意思視屬肝木既與蔡氏同矣聽屬腎水義亦允當醫家明言腎開竅於耳獨以言屬肺金似若欠通蓋肺竅鼻非竅口也

又

先儒論孔子之食不語寢不言曰肺為氣主而聲出焉

則以言屬肺金也亦無不通

性善之說

性善之善不與惡對與惡對者情之善也孟子執情以為性故雖極力道性善終不足以服諸子之口子由闢之是矣但欠原頭一句分明耳蓋情之善原從性之善而來但情之善可還而性之善不可還情之善有對而性之善無對今槩以為無是無非是以惡為亦出於性矣殊欠分曉

舜

孟子所傳二事子由之辯皆是朱子雖嘗由為孟子分

祈終是帝強益舜禹益之辭避當在受命之初不應任
既受之後也既受之矣遠者三十年近亦不下六七年
乃又從而避之不遂則舜禹為致逆遂則益為無恥矣
潁濱之辯甚是

夏

邃古之初上天為民立君必擇首出庶物與天合德之
人而後授之故謂天子言其繼天立極真若天之子也
父子相繼而有天下者甚少故謂之官天下至禹而氣
運稍薄無復其人乃不得已而傳之子既合乎人之常
情而又可以弭世之大亂故萬世遵之不易故謂之家

天下此猶改封建而爲郡縣雖欲復舊理勢皆有不能者矣予由乃謂父子相繼爲常而謂堯舜爲不得已又引湯武後世之事以証隆古官天下之公皆不考之過也然其原由於孟子孟子不能究世變之隆汙而漫以與賢與子皆歸之天其言雖是而不盡古今帝王禪繼之原予由求其說而不得故復爲此論耳

又

至禹德衰言天地氣運與其當時所生之人衰薄非謂禹之德衰也此言不差但孟子不參究耳

周

孔子欲從先進故曰禮與其奢也寧儉喪與其易也寧戚爲邦之間斟酌前代禮樂而參用之所取於周者冕而已矣其不足於周之文盛可知也他未暇論只據子由所舉祭祀之禮煩縟勞費人所不堪謂之奢乎儉乎易與戚乎即此一端其不可繼於後世也必矣善夫董子之言曰宜少損周之文致用夏之忠其知孔子之心也哉且老子曰禮者忠信之薄也大丈夫處其厚不處其薄孔子從先進其原蓋出於老子子由嘗註老子宜若有見而其論乃淺陋如此甚可疑也

衛

南子得罪于衛之宗廟義當誅死但不應自蒯聵發之耳然欲殺不果而出奔與商臣諸逆殊科春秋不絕其世子其以是歟蘇氏謂以其子得立於衛故成其為世子亦曲說也

秦

子由此論是也而未盡也漢承秦之酷烈百姓如在膏火而望救者故可以疾驅長擣大慰斯民之心若夫六國之君雖無道其政雖不仁然不至如秦之甚也使商周興王當此必且脩德行仁以漸撫之久久人心既順天命自歸然後徐起而致之可以宴然坐享而無事矣

秦不其然故不久而遂亡也

始皇

渠家父子論封建郡縣之勢皆明白通透曲盡世變足以補柳子厚之所未備學者當詳觀之

劉玄德

先主君臣豈故欲入巴蜀棄中原江東已為曹孫所據不得已而規荊益荊州又不可得乃入巴蜀耳關張無命故屬孔明以討賊之事謂之非將是陳壽之陋見也獨自將攻吳切中先主之病杜子美已譏之於前矣

梁武帝

此論雖不能盡三教歸一之妙然比之世儒陋見奚啻百倍高哉高哉

管仲

管仲曾西之所不為蓋戰國處士之大言而孟子信之以自高耳後人既為孟子所怵而又不能無疑於孔子之言故曲護廣引以兩全之其實皆支說也有真見者當以孔子之言為正

伍子胥

東坡與于子由當從坡論蓋父不受誅禮當復讐況子胥父兄之慘禍不與共戴此天者也何論君之有生則

碎其首死則戮其尸庶可以泄終天之至痛而亦古今之同情也子由獨非人子也耶坡固以此斥子由矣

、隗囂劉表

二人相似而實不同光武漢中興真主也馬援已知之矣囂不從援而聽王元之妄自取亡滅也固宜若夫袁曹皆漢之賊而景升者帝室之胄也使能卓然自立則據全楚六千里之地擁帶甲二十萬之強因鷸蚌之相持以窺漁人之利乘兩虎之鬬困以收卞氏之功進可以為光武退亦不失為玄德而表不能也此其失大豈在於去就之不明也哉

馮道

以馮道比晏子甚非其倫蓋莊公無道宣淫於崔杼之室杼執而殺之杼雖不臣而公死則自其分也晏子非其私暱決無死難之理況繼而立者莊公之異母弟而齊之子孫也季札所謂社稷有奉民人有主者也嬰之事之亦義之所當然耳彼馮道者朝秦暮楚視其君如逆旅然乃古今之至無耻者也子由之論陋哉

荀卿

聖賢之言有遠近淺深之不同一陰一陽之謂道此指道之流行者言老子曰道生一一生二周子曰無極而

太極大極動而生陽云云此指道之源頭言也子由既以一陰一陽為道矣又疑其與未發之中有碍也則又變之以為陰陽之未形者進不合乎易退不合乎中庸蓋兩失之矣

又

老子云云周子云云然則大傳所謂一陰一陽之謂道者一所生之二也繼之者善二所生之三也成之者性則三生萬物也此其淺深遠近較然明矣

割燕薊

燕薊中國之脊也自石晉失之迄於宋末甲原無日不

被夷狄之害何也譬之两人相持而甲先扼乙之背則
其進退屈伸皆為甲所制矣是可置之而不争乎太祖
太宗皆嘗有意而契丹方盛未得其便真宗不得已為
澶淵之盟向後苟且因循無復遠畧馴致靖康之變甚
可哀也子由乃謂石晋割地而宋享其利可謂舛矣

宋文鑑

秦觀石慶論

以慶為鄙人甚是蓋慶父子誠西漢長者居鄉善俗可
矣宰相則非其據也

宋祁治戒

明白爽朗平實淵懿臨没之言如此可謂達矣而宋之
第人倫者後公豈所謂知我者希耶

劉恕自訟

黠者皆不肖偶同處公以自訟而道竊以自喜蓋平生
自許不淺迄今無一善可及古人賴此數病尚與劉道
原類耳亦以自咲也

尹源荅客問

萬石君非奸非忠乃庸人也置之仲山甫霍子孟之間
擬非其倫矣

林希書鄭玄傳

宋儒好詆康成以為高而實不及其萬一林公乃獨見
如此可敬可敬
近思録
太極圖説
讀此説當盡去傳註成説細玩正文方有見處所謂濯
去舊見以來新意也
心
孟子言仁人心也學問求放心云者指體而言也其論
四端皆謂之心者指用而言也所謂盡其心則兼體用
而舉之也

明道論性

明道此條論性與孔子之言若合符節但與孟子性善之說稍有不同耳不似後人專主孟子而反悖於孔子也

程子不取坐忘論

坐忘論甚好眞西山嘗摘其要語附讀書記學者當自得之程子此言亦稍傷易

自漢以來儒者皆不識此意

漢儒去古未遠猶有淵實謹愨洙泗之遺風程朱每輕視之不知何故孔子竊比於我老彭此聖人之氣象也

學者要須識得

動箴

顏子四勿誠之於思也曾子三省守之於爲也

凡矜之子猶子也

猶子二字乃指制服而言與嫂叔之無服對舉可見朱子荅張南軒書論猶子二字甚詳當並觀

仲弓

仲弓問政夫子告之以三者仲弓於上二事已知其要置不復問獨究舉賢才之道曰焉知賢才而舉之可謂知所先務矣程子不知何故乃重答之以爲可以與邦

不亦言之易邪可疑可疑

明道論十事

明道此疏王佐之略也見之於用當別有潤澤之術三代之治不難復矣神宗負大有為之志乃不能聽此而反以安石為聖人斯世之不幸可勝惜哉

西山讀書記

盡心知性知天

此章之義當以程子張子龜山之説為是蓋心性天雖為一理然心有覺性無為天則又心性之原也學問工夫須從心上做起故必充極此心之量如龜山云云然

後能知性知性則自能知天次第當如是也且知性知天自一串事工夫至此地步已高與盡性至命相類乃聖人分上事豈可謂至此而後始能盡心耶朱子以大學格物解知性其論性失之太淺陳武非之未為不是而李心傳之辯不過隨人見成脚跟占人見成地步所謂無自得之學者也西山取之何耶

大人者不失其赤子之心者也

孟子此章承上章而言意思甚精實先儒不肯向實地上理會故言愈多而義愈遠皆不得立言者之本意蓋言必於信行必於果乃刻意尚行之事皆出於有意之

私適足以見其小而已孔子所謂硜硜然者是也大人則不如此其心蕩蕩然無所顧慮正猶赤子之心渾然純一無事知巧何嘗謂言要如何行要如何定要人道如何戕故曰大人者不失其赤子之心者也赤子二字正對大人而言二者正相呼應言語甚明白意思甚精實可玩可玩

仁義之實

此實字與四端端字仁義禮智根於心根字有子爲仁之本本字當互看久自有悟而知朱子之說爲不可從矣

又

若如宋諸老先生所鮮則事親從兄當謂之仁義之用或謂之仁義之華而不可以實言孟子所見亙為倒置之甚矣此處學者正當極意理會未可徒以先入為主而使聖賢立言之意久鬱而不彰也其說甚長當別見

孝弟為仁之本

為仁之本言是仁之本也孟子以事親從兄為仁義之實意正如此本者根也實亦根也

又

朱子推孝弟為義禮智信之本甚好但以經文為字

訓行字反失聖賢立言之意而不免於支離之病矣孟子直以事親從兄為仁義禮智樂之實曷嘗加為字耶

仁者人也章

此章當以外國本為正蓋既曰仁也者人也已是一物矣又曰合而言之豈非剩語惟從外國本說則合字乃文是合五者而言也諸說皆強鑿欠通

程子謂不可專以愛為仁

問仁子曰愛仁孟子曰惻隱之心仁也又曰仁之端也韓子曰博愛之謂仁周子曰德愛曰仁諸說皆平實只是一意至程子始為此論遂生後人許多虛見

知者無不知也章

孟子此章雖以仁知對言意實相貫上言當務為急未嘗指言所務之事下乃明言急親賢之為務分明以此句釋上句矣急字即上急字務字即上務字下舉堯舜以實之語意亦猶是也未言不知務之事乃合而結之且以智為言其意自見先儒分解恐未盡

喪父長子不娶

喪父長子諸解皆欠通故先儒疑之蓋長養也生也父喪而生子淫亂之所出也故不可娶如宋桓公許穆公夫人皆衛宣公既沒之後宣姜通于公子頑所生者所

謂世父長子也宋許娶之正昧此禮然二女皆瞽覩歟
馳河廣之詩可見此又出於常禮之外者蓋五不娶本
聖人之言其下云云乃漢儒觧付不得其旨而億度云
耳惡疾子不娶以其不可主中饋事舅姑奉祭祀故也
棄于天之說甚繆

經權

權只是中則可權只是經則不可經中也權亦中也任當
其可而已若其名義則不可混而爲一

又

舜之不告而娶反父子之經湯之放武之伐反君臣之

經周公之誅管蔡又兄弟之經嫂溺叔援又男女之經
然皆所以濟天下之變而不背夫當然之道者也故曰
又經合道為權漢儒之見的確平實雖孔孟復起不容
易矣

主靜

周子既曰無欲故靜又曰一者無欲也則是以一為靜
矣程子主一之說實本於此岐而二之可乎敬靜本一
周程之意亦同南軒所見可謂超脫矣

顏子

韓子論不貳之義云止之於始萌絶之於未形不貳之

於言行也正與孔子所稱未嘗復行之義同邵康節猶以為過與顏子而朱子乃復云然此正學者之所當講也

説詩

朱子説詩大意盡具於此然甚是偏拗恐不得聖人刪述本意焉端臨文獻通考逐一辯之甚明切且使朱子見之當心服矣

朱子不取東萊讀詩記

東萊讀詩記多是裁剪先儒成説擇其理之正當者用之間有少出已見又皆謙退和平深得詩人本意且恪

守序說惟其甚難解處方以別義代之亦不犯程子說書必非古義鮮便人薄之戒學者恐不可以朱子此言而遂輕視之也

唐太宗樂毅

程朱論唐太宗樂毅皆不足以服人之心比之孔孟便不同矣太宗之說甚長若樂公者諸葛孔明之所慕而效之者也孔明豈輕於取人者哉後人蓋知尊孔明矣而乃厚非樂公則其尊孔明者亦徒知其名而已非真知孔明而尊之也

山中無天則山上草木何緣得生茂又過於平地者耶

朱子專以形體言天而不思一陽之動於重泉之下者

乃天道之原也見亦狹矣穆伯潛如此云

太極圖

手授二程之說不知何據當考至謂二程不以授人必

有微意亦勉強牽率可厭

二程師傳

明道自言曰吾學雖有所受然天理二字却是自家體

貼出來至伊川叙之既謂又求諸六經而後得之又曰

得不傳之學於遺經云云觀二程自言如此則其學之

開端雖若有賴於濂溪而其深造詣極自得爲多不盡出於濂溪而亦未嘗強附師傳以爲高也後人內不足而欲自托於二程之門戶乃節節推排必欲牽挽二程以合濂溪以着其淵源之深長其所見陋矣使二程聞之當亦大笑也因附愚見於此以爲不求自得而借人門戶者戒

性理大全

性學

自六經而下至周子而上所言性只是一個性字並無分別氣質天地之說先儒強支離之亦可悲矣此說甚

長

又

朱子論性千言萬語只是一意大抵謂人與物所稟之理一般但人之氣清能推而物之氣濁不能推耳愚欲以一言難之便當知其不然何也麟鳳龜龍謂之四靈其氣之清明視世之常人何如然常人於四端五典雖不能全盡而亦不至盡廢四物雖靈曷嘗見有彷彿於人者哉只就此處觀之可見人與物之情合下不同矣故孟子闢告子以犬牛之性與人不同正於此處看得明白耳

純心

周子論純心工夫乃在動靜言貌視聽無違於仁義禮智之間今人談學頓欲徑守一心而外於檢束之功何耶

心

乍見孺子入井便有怵惕惻隱之心此心即是覺處亦即是愛處亦即是物我爲一處然非自得之學不足以識此於言語蹊徑之外也朱子分析支離是已非人其於道淺深何如哉

齊物論

莊子之所欲齊者物論也故通篇只是開什無是非可

不可之意蓋見後世小儒爭較同異分裂大道而發程子進其稱名尚且不知乃輕非之可笑然此見識正是莊子所謂小知詹詹小言間間者也

程子論人臣不得用天子之禮樂

沃丁以天子之禮葬伊尹成王以天子之禮樂祭周公其義一也後世不非沃丁而議成王者伊陟謹守常度而魯遂因之僭竊耳然程子遂謂人臣不得用天子之禮樂云云則未免于書生之見而不考于沃丁伊尹之故矣

伊川諫哲宗折柳枝

哲宗摧折方生柳枝伊川惜之朱子亦惜之伊川摧折
哲宗冲少和氣溫公元城惜之予亦惜之

大學衍義補

周禮

孟子去成周未遠且不得聞班爵祿之詳周禮王制皆出於漢世可盡信乎使果周制而定於周公之手一一可信則諸侯所去之籍又何物耶若諸侯實未嘗去孟子止以未見二書乃鑿空杜撰云云是又烏足以為孟子恥反覆推詳可見周禮不足憑據

卷之上

嘗謂朝廷養士而取用之如水之於魚也水聚於此則魚歸於此水涸於此則魚亦舍此而他適長三代以前以鄉里取士則士飭其行藝以應鄉里之選舉漢以諸科取則士亦飭其行藝以應公卿之辟召隋唐以後進士亦然當其法行而善也皆可以得士才固不借異代法亦不必借於異代矣及其法弊豈徒進士尚文辭而忘行實爲可厭哉雖成周之法兩漢之制亦相欺爲市而已語曰有治人無治法此之謂也有志於經世者取今之科目稍整齊而潤色之不害其爲得人之盛苟徒務虛名而不顧實體謾曰德行云云則昔人孝廉之嘲

中正之弊有明鑒矣

科目之制

經義詞賦惟上所取皆可以致士前章魚水之論詳矣經義比之辭賦雖若近實然行之既久不能無弊不但綴緝敷演空言無益且使學者耳目局滯而聞見不廣體格凡近而文采不充每遇朝廷有大典禮無所考論有大制作無所發明遂令聖朝一代典章號令有愧古人職此故也如欲救偏補弊宜於科目三塲題目減去策三道加以古律詩一二篇賦一道如此則本末該貫而文質彬彬矣此其大畧也詳當別論

議處武臣

欲革武臣之弊在於裁減世襲整飭武舉武舉嘗別論之至於世襲在覈其功之真僞定其勳之大小以爲襲之久近而已如係開創功臣子孫但得真實不分大小準令世世承襲其餘或靖內難或禦外侮雖係實功亦與開創不同必須量爲遞減之法以限制之如指揮則一世世其本官二世降爲千戶三世降爲百戶如此遞減五世之後還於行伍矣既不失報功之典又不塞賢才之路衛所有缺羨取武舉之人以補之及其立功亦照此格承襲武選豈有不清哉文臣之弊則前已言其

槩矣

元祐會計録

若録今日之計必別立條貫于由之目難盡法也當略倣元和之意一曰郡縣以稽疆域廣狹二曰戶口以稽人民生耗三曰正賦以稽租税增損四曰雜課以稽山澤關市之征以上四者皆所以計入者也五曰儲運儲以稽郡縣存留之數運以稽起運兩京各邊之數六曰經費以稽供御軍國俸禄大小諸費之數七曰幣餘以稽經費餘財每一朝終則通計焉以上三者所以計出者也就各目之中又分為子目焉每朝為一書自洪武

以至今日必致究精細該載無遺向後歲歲依式造
之帙終則送籍成帙如此則量入為出經制有定上不
敢妄費而下不敢妄征矣

楮鈔

銅與金銀錫有貴賤不同然皆天地自然之寶經久不
壞之物古人之錢不幸淪棄水土為沙鏽所薄蝕風雨
所侵損亦不能磨毀且益堅好今有發地藏之錢其
費益甚於見行者也上沓國用下利民生而為食貨之
權衡與金銀並行良以此耳若夫楮鈔輕脆易壞作之
不堅則不能久必欲堅之則費已多反不如用錢之省

約宛出於末世權宜之制非先王泉幣之常又本非天
地間可寶之物而乃強民以必從抑甚矣我朝立國之
初經費不足姑取金元之法倣而行之然事之出於勉
強終不能久今銀錢滿天下而鈔法不行寶源之局歲
費不貲卒置之無用而已由是觀之果可行耶不可行
耶但係成法所在臣下不敢擅議所以丘公為此委曲
之論讀者不可不知也

黄册

卽今黄册一事於周禮司徒鄉大夫閭師載師均人司
民數十職皆包括無遺矣豈不易而易知簡而易從也

邪世儒書是古非今大抵皆迂儒不通世務者也

郊社

郊祭天地乃乾坤之大體陰陽之全氣社止祭乎生物之土而已池雖是土而土不足以盡地猶日月星辰之不足以盡乎天也舉地之全體而言則至哉坤元德合無疆與天本一氣而相成者故惟天子得以合而祭之於郊父天母地之義也若土則有廣狹大小之不同而其神亦隨其所在而為尊卑故自天子至於庶人皆得祭之郊社之不同如此胡仁仲謂不當立北郊固是然遂以郊社分天地對言則因中庸及記禮者之言而失

之也中庸郊字包天地而言社字包稷而言天地社稷天子之大祭也故並言之曷嘗以社爲祭地而與郊天相對哉丘公前所云禋祀血祭二句已有定見矣

、教士

古者教士之道經與行而已學記所言自離經以至知類通達所以考其經也自辨志以至强立不反所以考其行也曰小成曰大成所以定其等也若徒考之而不定其等第未惟無以示勸懲之方抑何以爲選用之階哉宋人三舍之法升進有漸激勸有權亦法之良者也學所試以文未嘗不本經義然當時已罷詞賦而專用

考其行進又參其職業終學記所言考較之法比之後世總校群居終歲無所專事縻廩祿曠歲月以為殿最上選之資者奚啻十百已哉

伊川看詳學制更不考定高

先王於士之未用而養於學也有考校之法於士之已用而入於官也有考課之政考校則定其行藝之高下以示勸懲考課則考其職業之幽明以為黜陟此人君進賢退不肖之常法聖人舉善教不能之定理不容廢者也如伊川之說則此等皆置不論必使賢愚混淆雜進而後可以免於爭然豈有是理也哉

以吳徵從祀

徵宋進士也而仕於元大節與樵何異去樵而祀徵於義何居正統之初楊東里當國東里徵同鄉人也其大節又在草廬之下祀草廬以其益已爲怨也歟

東方朔

武帝既不聽朔之諫則朔於義誠不當受帝之爵祿今然此但可責之方內之賢若朔則物外高人也方且脱視天子傲倪侯王彼其視給事中之官萬斤之金直土苴耳何足以芥其胸次哉謂後之人不當以朔爲訓則可以此而議朔之短長則陋哉見矣

孔老

大道誠無出於性與天道之外者然孔子之所罕言而子貢以下諸子之所不可得而聞者也後世儒者徃徃條悉言之若數一二辨黑白焉是果性與天道之真否耶若果非性與天道之真也則大道有不可得而易言也决矣孔子曰中人以上可以語上也云云盖以是歟老莊常談道德于天下未幾變為清談之禍遂令後世斥為異端不可復解然後知孔子之罕言性與天道而去三墳之為慮遠也韓退之謂堯舜之利民也大禹之慮民也深觀於孔老之事尤信

焚書

由班固之言觀之則秦之焚書非惡其正而去之也惡其紛然殽亂而去之也其事雖差而其意亦未可盡非故魯齋有云也須焚書一遭蓋已取之矣

又

秦惡書之亂也不分真偽而俱焚之漢改秦之敗也不分是非而俱存之其事雖若相反而其為害則一必也如孔子當三代之後盡刪述之功存其可存而去其可去然後為得歟

又

有意而燒妄其罪于君矣無意而燒者外將誰執無乃上天厭文籍之浩繁痛浮靡之盡失假手回祿以返其澆而還其真也耶且六經者聖賢傳心之學帝王為治之迹皆在焉譬之日月誠不為過若夫諸子百家之說是非殽亂真妄錯雜乃蔽日之浮雲蝕月之陰翳也而皆以日月目之所見陋矣

又

秦火之時易以卜筮獨存書出孔壁軼失者四十餘篇而已其存者尚太半也詩本三百篇今多十一篇中間不無增損頗非其舊然未嘗亡也春秋十二公見存無

蓋禮樂原無全書然則孔子所删述之經至今尚在也牛弘五厄乃是後世諸子百家之書而首以孔子爲言可謂謬矣

又

後世朝廷所積之書譬諸富貴之家所畜書圖寶玩之數盛則存衰則散理勢之常無足多怪儒者不當爲之置欣戚于其間也

叔向譏子產鑄刑書

詳叔向之言猶有以德化民之意亦若後世杜林卓茂之所云者是也然象刑著於虞廷刑象布於周典呂刑

旣有三千之屬孔子亦有三千之論是豈皆叔世之事哉後世執法君子當以子産爲法宣布禁令使民知所趨避不至於罔民而又以叔向之意行乎其間使其摻縱舒慘權常在我而不至於爲民所罔則庶乎兩得之矣

贖刑

學者讀聖人之經於千載之下求聖人之意於千載之上必須虛心觀理以求至當歸一之趨不可横立偏見而反牽率聖言以徇己意也舜典曰金作贖刑而呂刑有五刑之贖孔子删書並取之則呂刑之言乃舜典之

條目也必不相背背則孔子必不並列以垂教後世矣漢唐諸儒合二篇而通解之蓋以聖人之意當如是耳至朱子始横立意見反疑聖經以舜典之贖爲專贖鞭朴而不及於五刑以吕刑爲穆王斂財之具而夫子録之以示戒也以理觀之豈其然乎鞭朴刑之至輕者罷於此而有可疑焉則直赦之可矣又贖以金不亦苛細矣乎其不然也明矣朱子又謂五刑皆贖則殺人傷人者可以無死而孝子順孫之心不安云云此何見之偏也五刑有輕有重其犯之者或以奸欺或以盜竊或以抵冒或以僭踰或以過誤蓋萬變不同也豈三千之

條盡是殺人傷人之科哉且經明言某辟疑赦其罰若
干若干所謂疑者或以事涉疑似旁無證見或以過誤
殺傷人論罪雖重原情實輕聖人於此不忍加刑故贖
金以赦之耳若夫殺人傷人情罪明白則自有典刑者
在所謂五詞簡孚正于五刑者也曷嘗於此而盡論其
贖以傷孝子順孫之心哉或者又謂財者人之所欲故
奪其欲以病之非利其貨也此亦不然金作贖刑乃指
銅言先儒有定論矣大辟千鍰才得銅三百七十五斤
耳與今法司所罰之水火炭相類此何足以富國而亦
豈待富者而後能辦邪書生區區之論皆由不肯虛心

考信聖經而輕立已見之過此深可以為戒也故論其大畧于此而詳著其說於經云

復讐之義

復讐之義可見於禮而不可著於法何也法者上之所立以制下者也立法制下而乃許其私相讐殺與無法等矣若夫禮則因人之情而盡事之變者也時當衰替則公道有時而不行人過昏庸則寃抑有時而不中勢處孤弱則奏許有時而不達仁人孝子銜哀忍恤將何以生於天地哉此聖人所以許之以報讐之禮也是禮也所以原孝子之至情而處事勢之極變非盛世所宜

者亦非常人所當為也是豈可制為常法設為常職而教人之當為也哉故復讐之說見於曲禮則可見於周官則亂之道也

淸軍之弊

所謂拂民云云變者其弊有三淸勾之始執事不得其人上官不屑而委之有司有司不屑而付之吏胥賄賂公行奸弊百出正軍以富而幸免貧民無罪而干連有一軍缺而致死數人之命一戶絕而破蕩數家之産者矣此淸勾不明之弊一也國初之制垛集者不無遠近之異謫戍者多極邊衛之科承平日久四海一家或因

遷發填實空額或因商宦流寓地方占籍既久桑梓是懷今也勾考一明必欲還之原伍遠或萬里近亦數千身膺桎梏心戀庭闈長號即路求訣終天人非木石誰能堪此此鮮補太拘之弊二也邇年以來地方多事民間賦役十倍曩時鬻賣至於妻子筭計盡乎鷄豚苦不聊生日甚一日而忽又加之以軍伍之役重之以供餽之煩行賚居送無地可以息肩死别生離何時爲之聚首民差軍需交發互至財殫力竭非死則亡此軍民併役之弊三也良法善計不在乎他在乎袪此三弊而已矣

丘公所論官牧之法大槩得之至其所以處置民牧者則恐煩難瑣屑比之今日益增擾亂殊非適變宜民改弦易轍之道也且前既言保馬之弊使民一身而應二役有損於民無益於官諸云云者可謂洞照其原矣今所優置乃止於此不知依此行之百姓可以免二役之苦乎可以免芻秣之費乎所養之馬果可以免於小弱羸瘠而真可以供戰陣之用乎若徒為紛更而前弊不免無益害耳或曰然則必於兩直隸河南山東之地置監牧蒐閒田盡變民牧而為官牧而後可也曰不必然也太平日久中原寸土民皆開墾以為世業縱有山巖

川坂不可耕種之地亦百一耳安得閑田可以置監牧馬也耶果爾則其害又甚矣曰然則如之何而可也曰由今之法而通之以宜民而已矣蓋國家之初干戈甫定而馬有餘乘生齒未繁而地有餘故賦馬於民借民之力以為牧養因地之餘以圖蕃息亦猶古之所謂散之華山之陽云者其法非不良而其意亦非不善也行之既久弊患漸生馴至今日為害滋甚有編審之害焉有二役之害焉有輸養之害焉有多餘之害焉有點視之害焉有交兌之害焉有印烙之害焉有倍償之害焉而又有官吏之科擾焉里甲之侵漁焉訢訟之株累焉

影射之奸巧焉百孔千瘡難以殫述而中原之民始坐困矣至其所飼之馬所生之駒又皆小弱羸瘠無一可用盡如丘公所言者起俵之時往往計丁出錢每馬一匹多者四五十兩少亦不下三十餘兩而後可以免於僕寺簡退之苦前日所養之馬徒受勞費無窮之害而何嘗得其萬分有一之利哉匪直也民官亦何嘗得其萬分有一之利也哉夫國馬之不可缺者民既出錢以供應矣又使養無用之馬而受無窮之害此何謂也為今之計當總計每年應俵之馬其省若干某府州縣若干如有偏重偏輕之處當量其地方大小民力多寡一切

通融而均攤之立為定式某省應俵若干某府州縣應俵若干即於本處見在田粮數内起取銀兩若今水馬二站者然每年照數買馬起俵無致闕乏然後將所養見在無用之馬盡行斥賣解價僕寺收貯以備買馬之需如此則○○不失國馬之利而百姓頓除養馬之害中原赤子當鼓舞聖德於萬萬世矣

任人用將

愚按凡古人所論任人用將之道如蘇氏所言者甚多然皆非依倣陳迹而能有成者也要在人主之智勇何如耳苟智不能照勇不能威而徒摸擬古人之陳迹以

從事焉吾恐假之以權則挾權以要君豐之以財則恃財以固寵不繩之以文法則放縱於禮法之外而陰肆其不逞之謀其為害蓋有不可勝言者唐玄宗之於安祿山是已故曰惟天下至誠為能聰明云云臨也吁亦難矣

弭盜

弭盜之術聖賢明訓昭然似無容議矣然愚見竊以為未然者蓋嘗稽之往事參之見聞乃知盜賊不盡出於饑寒而饑寒不能驅良民以為盜也究其所由皆由教化不明禁防不立少年不逞之徒始則縱飲博以蕩其

產既則肆強暴以快其凶積習既久過惡貫盈遂相聚而為摽劫之事矣正所謂有勇而無義者也幸而撲滅之早為禍猶輕否則延蔓滋甚蹂躪中原搖扤社稷漢之赤眉綠林黃巾晉之孫恩盧循黃巢朱溫宋之王則宋江方臘近日之劉六劉七楊虎鄢藍皆此類也是豈饑寒迫脇弱小細民之所能辦哉間有一二與其中不過驅掠協從不能自拔者耳非其本謀之所能及也其餘鼠竊狗偷以活一旦之命者容或有之然苟得一飽足以滿其欲矣焉能為害如是之大也哉故唐虞之時以寇賊奸宄與蠻夷猾夏並稱而通屬之士師而成周亦

以詰奸慝刑暴亂為司寇之職皆所以嚴其禁防杜其漸習以靖亂于未然也若夫開衣食之源等事乃惠養齊民之常道禁暴止亂不舍在此或曰孔子不欲之言何如曰大言不可以一端求也不欲之言乃為季氏而發所謂夫子有為之言也執此以為通訓固矣

防夷狄雜處中國之患

近世回夷達虜雜處中國繁華之地如兩京河間真保臨清等處皆是往往群其族類崇其俗尚袒其教習確然不入吾中國之化其所羈縻僅及其身而已方承平全盛之時尚梗然如此一旦風塵之起當若何耶丘公

云久已忘其為夷不當無故分辨此乃委曲遷就不敢柰何之言非必正論至欲以漸而為因事而處使之不知不覺云云則體國者之所當早為之所者也

英雄所見衆人不識

匈奴與漢久為敵國至宣帝之世其國始分勢始衰故呼韓耶款塞來朝實出漢人望外蕭望之欲位之諸侯王之上蓋待之以不臣之禮所以外之也外之則彼將來或叛或服皆不足為中國輕重矣其見甚高非庸人所及知者唐高祖初起稱臣借兵於突厥似於中國之體小屈古今人皆能議之然太王不事獯鬻句踐不事

吳手顧後來何如耳太宗親俘頡利可汗除兇雪恥之志已伸矣可謂有光於太王勾踐矣所可深恨者惟石晉之事然其失不在於敬塘而在於重貴蓋敬塘之謀實唐高之故智而重貴昏童辱主乃不足以當世民厮役之最下者斯其所以致開運之禍也說者此等處往往不究其始末興衰之極而輕肆詆議如胡文定所云恐不足以為古人斷案故畧條愚見於此别為讀史者詳之

順渠先生文録卷之四終

順渠先生文録總目

卷之五

餘冬録

高允崔浩　王沉周洽

管仲王魏　李璀

韓退之送孟琯序　温公論新法

正名　孔明

東坡伊川　孔顔樂處

朱子譏尹和靖看佛經

王允論衡　尹師魯

宥過無大刑故無小觧

唐鑑　王式

楚人忘弓　尹和靖

濂溪山谷　社稷

祭法

楊慈湖訓學文謂學者孝而已

點檢工夫　柳公綽家法

卜珝郭璞　均徭

傳習錄

闢異端　爲學

大學　大究竟處

真樂　孟子

百川學海

天地數止於九　子罕言利命與仁

稷契永世皐夔絕世

生生之謂易　孟子論皐陶事

定民志

周益公鑾坡録玉堂雜紀

塩政志

歐陽修河南北田稅議

通論塩政　又

劉晏塩法

總論

楞嚴經

性覺本覺妄覺　三諦

大藏一覽

結解漏盡生死已斷

心體本來常寂寂而常則用而常寂

心外無佛見佛是心一段

道德經中和集

金丹　俞琰

龍虎經

妄照

關尹子

總論　得道之人

玄牝之門世罕知　仙人

通論　又

世人根性迷鈍卒難了悟云云

鶴林玉露

象山棋　門相

梅　子房康節

文集卷五總目終

順渠先生文録卷之五

議論

餘冬録

石奢

與父偕亡是背君而棄法也脫不能免則與父偕死而臣子之職俱廢矣爲奢計者首實於君并以身代死生一聽乎上而已不敢與焉其庶幾矣

魯桓公

春秋十二公他無嫡出者嫡出惟莊公一人而已故史氏於其始生特書以别之而聖筆因而不改所謂存冊

書之大體孟子所謂其文則史者也後儒習其讀而不知其義以為病桓云云者陋矣

教子

朱均以不肖廢管蔡以謀逆誅堯舜文王豈有歉於義方者哉人子有不可以常道律事變有不可以常理論者多矣

趙盾

靈公之為君趙盾之為臣趙穿之行逆可考而知也春秋赦其獄於盾者所以正大倫明大法耳非謂盾有誅弑不可赦之罪也且父子兄弟罪不相及古之道也盾

已死而乃追論其子弟豈聖人忠恕之道哉同括之殺左氏司馬所載不同當別考論但何議失之太刻故為之辨如此云

伯夷

不食周粟者不食其祿耳非必謂穀粟也採薇餓死者窮餓以終其身耳非必謂枵腹以卒也此正潔身自遠之事然槩之中庸猶未免為過若如諸書所載則近於行怪矣聖人豈肯取行怪之人以為訓哉

伍員

父子君臣固為大倫之首然不幸而值其變則君臣時

可以義絶而父子則無可絶之理焉此又聖人之權也觀諸湯武之事可鑒矣平王以無罪而殺伍奢且滅其族為子胥者義不共戴天不容於不報矣子胥報平王如是之慘為子建者則亦義不共戴天不容與之共事矣子建雖死勝固其子而平王之親孫其義亦猶建也使子胥而立勝也勝將何以處子胥也耶德之則背祖報之則棄恩孰固甚逆也而子胥者親鞭人之祖夷人之國而乃與之共國焉其亦何顏以自托耶凡何氏之論其不可通也如此然則為子胥計者當奈何曰愚前已言之矣子胥於楚君臣之義已絶於奔吳之日入郢

戮尸之後知吳之不可與共安樂此為范蠡為張子房策之上也下此則屬鏤之禍亦其盡心於所事者分固當爾成敗利鈍固非君子之逆覩亦豈其所當逆避者哉

陳平丙吉

君子不以人廢言陳平所對真宰相職也不必責其不能全盡並與其言而廢之至丙吉有大造於宣帝而終身不自言即此一事觀之此其所蘊蓄豈淺丈夫所能窺其涯涘者大體之稱正在於此不問鬭死而問牛喘乃當時偶有此事而史臣因之以發其論耳何公就此

較量輕重巨細輕肆貶駁斯則剝核之見失君子長者之道其不知大體可知矣

防小人術

術中多有隱禍以術防小人終無決勝之理君子任世道之責惟有感格君心變化人才使小人不至得志斯可矣

陳宮

諸侯之臣義有去就陳宮始以義從曹公後見其不義而去之未為不可恐難以二心罪之但宮既棄操乃舍備從布是為下喬入幽深可羞吝其及也宜矣

文譚袁尚

尚既奪嫡擅國其勢自無容譚之理譚既爲尚所疑雖
復去讒求睦降志辱身亦難共濟當時爲譚計者爲伯
夷爲泰伯可也王脩之諫劉表之書皆於義未盡

陳思

陳思止露才耳原無奪嫡之志故文中子以三讓許之
何公以縱莫知其子之惡指誰而云然耶

雍姬

孔子曰吾未見蹈仁而死者也又曰有殺身以成仁云
云孟子曰生我所欲也云云取義也愚覩何公所論雍

姬之事與其所取周都妻等三人之賢則是欲緇乎仁必殺乎身中間更無稱量輕重决擇可否之道矣幸夫下之人而禍仁義者其此言夫夫壻無殺翁之理鄭伯之使雍糾雍糾之受鄭伯之命君臣胥失之矣為雍姬者當哀痛以祈其夫至誠以諫其父而為糾者又當委曲調護於其間寧無兩全之道乎姬聽嚚毋之言計不出此既已誤矣而何公為之謀乃欲先父以死此何義耶使祭仲之過止在於專罪當罷斥而不至於死而雍姬又當哀痛祈請而糾悍焉不顧逞其凶慝以從君之忿怒則是姬不共戴天之讎也人何天之云云縱不能

報當絕而去去而不遂死未晩也若使祭仲實禰臣之輦而擁糾奉命以誅叛逆則受誅之父義臣復讎而已嫁之女法不從坐為姬者席藁待命因夫以請于君君賜之死則死君賜之生則糾妻也何所見而欲強自絕乎何公不論事之順逆義之可否而槩以死責之是以仁義為生之仇決不可兩立者也豈孔孟之道哉

阮籍

阮籍死孝當時已有知之者其不覘覘於儀軌者徉狂以避世也雖非聖人之中道而其所存遠矣

王獻之

王獻之不孝不義人也觀其離婚郗氏與父爭名可見矣

高允崔浩

允以道勝浩以才族善學者於二人而求之有餘師矣抑亦又有感焉曹魏之崔琰元魏之崔浩皆吾武城之望也始皆以剛直取重於主而卒皆以此受誅然則士君子之仕止語默當何如其審且重而後可免耶此尤善學者之所當知也

王沉周洽

諺云守俸如井泉言其浸溢而不自覺也貧士一旦居

官食禄若能自奉如常而節縮贏餘以爲子孫恒産恒心之計則雖卑秩末品不出數年亦當潤屋豈有歷官如許而身死之日無宅無棺之理耶凡此皆矯僞盗名之事不可信也

管仲王魏

春秋之義立嫡以長立子以貴又曰子以母貴子糾小白皆襄公庶弟而糾母魯女白母衛女魯貴於衛則糾貴於白矣襄公既弑糾次當立故經書曰子糾與建成正同夫建成既與子糾同則太宗王魏亦與桓公管仲同矣孔子不非管仲而世儒深責王魏何耶此説甚長

李璀

鯀殛而禹興蔡叔戮而仲為周公卿士古之人不幸而處君臣父子之變者此其成法也胡氏責德宗不能預詔以宥璀是矣至謂璀有與上留而生之之意不惟失璀本心抑何以示訓耶且謂懷光使璀勿死而後璀可以不死此亦不然蓋懷光身為叛逆得罪天常豈復容其得制其子短長之命制命者在朝廷而已何公又謂璀常告父決無可生之道此言尤為刻薄不近人情夫璀所謂告父者豈若他人上變之類首發其禍而其父遂由之以死哉當時懷光反形已露璀恐朝廷無備卒

罹其禍觀其所言至誠惻怛可為流涕而何公乃以逆坐為必死之罪抑何其言之忍耶果如此是使璀明知其父將危朝廷而噤不一語及之然後為得也審爾則逆鄙爾又何取於璀之賢耶或曰然則璀之死非歟曰是也前有父敗同死之言後無終喪事君之赦璀之自靖已無餘憾蓋咎在德宗而不在於璀也愚獨疑何胡二氏之論皆若有不盡其事之情者故為之辯如此云

韓退之送孟琯序

子張曰君子尊賢而容衆云云邵康節曰見人之善未相知不可亟與之合見人之不善未能遠不可亟與之

絶共亦異乎退之之所謂强附强拒者矣且何公前既深取韓魏公之客小人與富范諸賢不同所見是矣今乃不低頭於稚圭而低頭於退之何耶

温公論新法

大學平天下在於用人理財二事而已故周以冢宰制國用而漢有計相唐亦以宰相判度支其爲品式皆極詳備然則財賦條例焉往非道亦焉往而非宰相之職也耶惠卿附會荆公意在聚斂以迎合上意温公直宜以是闕之可矣至謂宰相以道云云安用例郄恐欠通

正名

孔子曰為政必也正名乎名不正則言不順言不順則事不成云云孟子曰天之生物也使之一本而夷子二本故也司馬程子止以英宗為仁宗後受其天下遂使絶其本生父母改稱為伯二本亂名不可為訓二公雖大賢此舉不害其為未善雖強從也何公之論有為而發然不取必於孔孟而止以朱子為斷案其見為尤劣矣宋英宗及我　今日之議當以韓歐二公為正至因議禮而横致事端自當别論

孔明

孔明非固棄荆州也始則先主不肯忘景升之顧終則

孫權不肯遂雲長之功阨於事會不得已而之巴蜀耳原其心何嘗忘隆中跨有荆益之言哉若宋則真自棄建鄴而遠遁矣

東坡伊川

東坡和而流伊川矜而爭皆非聖賢之中道亦不當獨罪一人也

孔顔樂處

孔顔之樂惟濂溪明道二先生知之却未曾分明說破待人自悟其他皆揣量模寫之語非直見也學者當自得不可爲考言所眩

朱子譏尹和靖看佛經

看佛經有害何道而前後評駁如此之煩陋哉諸公之見也

王充論衡

莊子曰薪盡火傳不知其終也是言薪可滅而火不可熄其於死生之道哲矣今以為火滅不照無復遺燄是不惟不知人且不知火矣

尹師魯

凡人之死未免鬼神恐怖而師魯一切無之可謂大解脫矣莊子曰適來夫子時也適去夫子順也安時處乎

順憂樂不係乎心是謂帝之懸解此正善吾死之事而
師曾近之則其所得高矣沈氏云云直是說夢
宥過無大刑故無小辟
竊詳三子所以不從舊說而各自立義云云者皆由不
知宥與刑字之義蓋以宥為直赦其罪刑為殺之也故
紛紛辯議如此不知經所謂宥降等之義非直赦之也
所謂刑乃隨其罪而制其輕重非盡殺之也如燒官庫
殺小兒罪之大者也若出於過誤則必降等使從末減
大罪且降小者可知矣是之謂無大擅食果實穴窓窺
人罪之小者也若出於故意則必加以痛心得之刑不以

其小而曲恕之也小者且刑大者可知矣是之謂無小
眚說如此雖今世法律亦同不可攺異

唐鑑

帝在房州乃范淳夫唐鑑特筆起義而朱子綱目取之
儒先固有議其誤用公在乾侯之文而非居于狄泉之
義如趙東山者矣然愚以爲天子行幸所至謂之行在
所則書在恐亦無害

王式

服三年之中則猶式父妻也猶式父妻也者則爲式毋
也及三年之後還前夫家而死遂合葬於前夫則與式

父已義絶矣是猶得為式毋乎以出毋服之式之處當矣何公之論非也

楚人忘弓

弓忘而不求不近人情求而不得則付之人得而不以累吾中焉斯可矣

尹和靖

和靖書俱在觀其所得皆世儒所易知者無一語出於金剛等經何也和靖若果深契佛諦而其告人者乃止於此則其所造為不可思議矣

濂溪曾與壽涯遊觀山谷此書蓋同道者也但濂溪深造能會儒釋爲一而山谷則未達一間耳

社稷

商以稷代柱者以稷之功大於柱也漢以禹代句龍者以禹之功大於句龍也後世社稷配位皆當準此

祭法

後世堂室之制與古不同則中霤之祭當亦有異今世歳時不分庶士俱祭門竈而別又有祀宅神之禮宅神者其可以代中霤矣乎

楊慈湖訓學文謂學者孝而已

論語孔聖教人之微言篇首以學而時習為言而即繼之以孝弟為仁之本之訓則聖人之所謂學者孝弟而已慈湖此訓深發聖人之奥惜乎未及舉此以為証耳

點檢工夫

白地黑花之說近是蓋趨向既正其念慮之純雜係於所養何如耳涵養工熟則忽焉而不自知其化矣若黑豆白地之說不惟理不應如是助長抑恐束心太急因而成病

柳公綽家法

韓國非柳傳其人品之清濁家法之嚴否婢固辨之矣

但市物而視其美惡議其價直乃有身有家之恒務也必若一切不問始為清高則此等皆當廢之耶亦付之何人耶富貴之人猶之可也不幸而處賤貧如膠鬲百里奚其人焉將何以為俯仰之給也哉古之人固有躬耕壟畝身親漁販者矣其清高無損也膏粱子弟一事不理而借口於柳氏焉其不至於敗身與家也者幾希

卜珝郭璞

聖人於極數知來之謂占而必繼之以通變之謂事所謂事者何為也正以變其方來之占而通之使吉可趨而凶可避耳若徒能知來而不能變通以趨避之則文王

當殪於羑里孔子亦殲於桓魋矣夫何貴於聖賢而又何以學易為哉京房郭璞之流數極精妙而皆不得其死正為欠此一著云耳

均徭

予嘗謂今之徭役不必拘於里分當合一縣而通編其戶則高下如此則賦役均平而無偏重偏輕之患矣正此計其事力高下槩加通融之說也

傳習錄

闢異端

韓歐諸子闢佛老朱子闢象山陽明闢朱子其原皆略

於孟子之闢楊墨故諸子皆援孟子以自高如此云云
者是也然求之於理既無是理稽之於事亦無是事不
過諸公飾知驚愚妄有分別以自標異譬之貪功喜事
之人虛張敵勢妄殺平民以邀朝廷之爵賞耳洙泗之
門無是法也何也道之大原本一而其末流始分取必
於末流則百家衆技各有所明而不能相通則未免於
偏蔽之害取必於本原則所謂百家衆技者皆吾度內
而為吾之妙用矣孔子曰攻乎異端斯害也已正恐學
者專治一端而不求大道坐受偏蔽之害而不能體會
天地之純全耳非以彼為敵而竭力攻之以為功也其

後子夏述之曰雖小道必有云云正所以發明夫子之意孔門家法如此而已此聖人天地之氣象也而孟韓諸公之於其所指以為異端者乃皆攘臂裂眥深文巧詆若寇讐然此何理耶又以事實考之戰國之亂極矣然皆由於王政息而伯圖興諸侯橫而干戈起而遊說之士又捭闔縱橫於其間生民之糜爛職此故耳楊墨二子當此之時聲漸影寂未聞一君曾用其說一國曾受其害者也而孟子乃比之洪水猛獸之災夷狄篡弒之禍以為非已不得已起而辯之天下之害不可言也由今觀之曷嘗有是事哉楊墨且爾則佛老也象山也

朱子也九韓朱陽明之所指斥以為罪而自任其排詆以為功者皆可類推而默識矣愚故曰既無是理亦無是事不過諸公云云者以此至於揚氏之義墨氏之仁老之道德佛之心性朱文公之學問其淺深得失之辨同異取舍之權又當別論

為學

道理平鋪在故聖賢所示為學之工亦平鋪在學問思辨篤行所謂平鋪之工也學字之義有專言者有偏言者專言則舉學之全體而言知行皆在其中如所謂學時習之丘之好學顏回好學學如不及之類是也偏言

則單指學于古訓屬知一邊言知所謂學而知之學以聚之博學之博學於文之類是也但聖人所示學問思辨之工皆欲發明此心以恢復其廣大高明之本體所謂如切如磋者也而世儒乃欲以此而盡窮天下之理不知理者吾心之準則孟子所謂權度心為甚者是也心體者明則權度精切而天下之長短輕重應之而有餘矣豈待求之於外哉至於學問思辨屬知篤行屬行交發並進本無決定先後之次則前已詳之矣世儒之見支離扞格陽明之見纏繞艱難象山所謂支離其門户艱難其途徑者也

大學

大學原出於戴記其文義往往有相通者樂記曰人生而靜天之性也感於物而動性之欲也止人化物也者是滅天理而窮人欲者也此章文義實於大學相表裏其所謂物即格物之物其所謂知即致知之知其所謂好惡即誠意之意也但其向下所論工夫與此不同蓋彼專主於禮樂以節於外而此之格致乃就心地痛切處着力大學之所以優於諸篇者正在此耳至於文義之同則不可別為之說所謂物者本指外物而言所謂格者本以扞禦為義大學言格物猶孔子言克己孟

子言寡欲周子言無欲其義一也名言有不同耳溫公篤信力行大儒也其所見必有契乎聖人者矣朱子以多學為主而不肯平心以究聖賢之言乃詆之曰開口云云果知其說則孔子所言克己亦必剜目剔耳截舌殺身而後得視聽言動之正也耶文公之強辯自是如此亦已過矣殊不知人之心體本自光明是之謂知所以蔽其知者物誘之也扞去外物之誘使不得入於靈府而知可致矣致者恢復擴充之意也知致則好惡出於本心之正而不由於外物之私而意可誠矣學至於誠意則真有善而無惡必為君子而不為小人可謂至

矣雖然猶有好惡者在也好惡者心之發動所以應用而其本體原無是也執而不化過而循藏是之謂有所而心不得其正矣故誠意之後又有正心之功焉正心所以求中也心正而中立矣中立而和出矣修身所以達和也學至於是而聖人之體具矣齊家以下乃致中和以成位育之功不過舉此而措之耳或曰格物也者始學之事歟曰自始學至成德竭兩端之教也大學之要在於止至善格物者所以求止至善也其始也致其辨於視聽言動之間嚴其防於聲色臭味之入其成也窮達得喪死生禍福舉不足以動其心而其究竟也乾

坤毀世界壞而吾妙明圓覺之本體昇朗而獨存也是之謂止至善是之謂安汝止矣是豈非學者所可易言而大學之教則實以是爲歸也世儒惜不知此義所以或泛濫於支離之說或纏繞於葛藤之見兩失之也嗚呼朱子往矣陽明與之同世又嘗從之遊而不及以是相講也惜哉

大究竟處

聖人之何思何慮釋氏之不思善不思惡莊生之槁木死灰皆大究竟處也

真樂

聖人之樂猶佛氏之菩提皆究竟處也樂與菩提與煩惱對出乎此則入乎彼矣若夫七情之樂雖若與憂相反而實相因乃煩惱苦海之一波也烏得與聖人盡性之樂混而爲一也哉之憂云云四者正是情熾鑿性之事所謂苦海也聖人而不免此何足以爲聖人何足以爲樂且天下之變莫大於死生而聖人處之裕如也外此又有何事而可以動聖人之心使之大憂云云也耶君子之所以常存戒懼者正所以防七情之苦海而求聖人之眞樂云耳

孟子

孟子好辨之談已有戰國策士之風而非復洙泗純懿之舊矣況後世文士之占地步者乎然真有道者意味自別觀濂溪明道諸君子曷嘗有此等論議氣象也

百川學海

：天地數止於九

九則行十則止是天地之數常止於九也何謂九則行十則止二九十八三九二十七自此推之直至無窮若二十則二十三十則三十皆是死數向前推不去矣

子罕言利命與仁

天有四德而利居其三人有四德而仁居其首人之仁

即天之元而天之利即人之義也然總探其原皆出於命命天道也仁義則性也子貢曰夫子之言性與天道不可得而聞也所論罕言其此之謂歟先儒將利字看得差了故紛紛多說

稷契永世皋夔絶世

禹之將受禪也遜於皋陶曰皋陶邁種德德乃降黎民懷之而舜亦以明刑弼教四方風動之功歸之則皋陶之刑名實與契同功而與禹同德矣至于夔之典樂以教胄子又與司徒職任惟均虞廷簫韶九成鳳凰來儀之盛夔實尸其成功決非後世淫靡亡國之音所可比

也世之脩短自是氣數不齊不可歸過於術況三人皆受命於君非可自擇者乎

生生之謂易

生生者造化也長生無生者主持造化者也能無生然後可以長生能長生然後可以為生生之主三教聖人本同一道但隨地闡明之耳淺學之士不足以知此

孟子論皐陶事

温公容孟之疑甚是五峯朱子之辯終費氣力為臣而執天子之父雖商鞅不敢覩其言曰太子君嗣不可加刑刑其傅公子虔而已使皐陶敢於執舜之父是君臣

父子之倫一舉而盡廢安在其為明刑以弼教邪朱子洞見臯陶之心愚以為此自孟子朱子之心决非臯陶之心也曰瞽叟果殺人則柰何曰天子之子過誤殺人當何罪漢臣有定論矣在周有八議之法然皆非以施於天子之父天子之父殺人無罪可論

定民志

洪範五福有富而無貴蓋貴所以待才德出衆之賢亦非人人之所可望也故易履之象曰君子以辨上下定民志民志不定而後奸雄乘時為亂責在禮制不定教化不明故耳宋人懼士之不偶者生亂乃濫開仕進之

途是猶懼虎狼之殺人于路而乃日殺人以飼之也是
豈知治體者哉

周益公鑾坡録玉堂雜紀

周益公南宋名臣也其所藴蓄謀畫意當有出於人者
觀此書所載多一時彌文瑣事無關治亂安危之數且
前代所未嘗有而後世所不必述者乃切切焉用心如
此則益公之人品事業可即此而占其高下矣

塩政志

歐陽脩河南北田稅議

今各處沙鹻之地可援此例許令煎塩化貨易以充田稅

而官免禁厥錢兩便

通論鹽政

民非水火不生活五谷與鹽均於水火皆日用之不可缺者也乃以為私而禁之使不得行其勢之決也有甚於防川者矣鹽徒之害是也今欲弭之於未亂也無他開餘鹽之利弛私鹽之禁而已開餘鹽之利或如御史李佶所言每正鹽一引帶餘鹽二引或如詹事霍韜所議每正鹽一引帶餘鹽三引或令商人於緣邊報中或令商人於鹽場買補如此則公私兼利商竈兩便私鹽不待禁而自無矣且每正鹽一引帶餘鹽二引或三引

是國家獲額外二三倍之利而竈丁亦得二三倍之息
也此外縱有遺餘當盡捐以予之任其流通貨賣不
復拘禁是盡變私鹽為官鹽則亦可以盡變鹽徒為良
民矣

又

凡如葉時所論云云者皆儒生稽古之談科場文字之
料耳非可與議於經國之大計也盖古今風氣異宜於
天地物產亦異有古盛而今衰者有古無而今有者如
金玉之類在古為服食器用之常故荆揚之貢惟金三
品鑄鼎之金取諸九牧當時交接神人動以玉帛為禮

一歲之間焚而瘞之者尚無紀極其制而用之可槩見矣降及两漢三國之時以黃金賜予臣下動數百斤計朝廷之蓄積者可槩見矣凡此皆山澤之産也而今有是也㦲惟塩以煮海而成古者世質人淳開物者既未暇資之以成務而制利者亦不須借此以厚生若天地故遺之以利後世者然至於管仲者而後取而用之雖有所因而實道於創物之智也後世善用其法則足國足民公私两便否則亦公私两害矣今也不責為法之不善用人之不當而乃追咎管子之作俑譬之病催科之擾而怨神農之播殖為庸醫所傷而憤波黄之嘗藥

也吁亦姧矣

劉晏鹽法

任其所之四字甚合鄙意今法限定行鹽地方踰則為罪殊不知貨利之行於天下也猶水之行於地也遇坎則止盈科則行其來也勢不可強禦其去也亦不可強留非惟不可亦不能也商人射利乘便而往此方鹽少勢必爭趨爭趨則鹽積鹽積則價平又將散而之他矣何必限之今世商賈所行之貨貴而金玉錦綺賤而菽粟布帛通于天下達于四裔蓋無一處之不到亦無一處之不售也何獨于鹽而限之哉劉晏之法人稱簡要

信乎其為簡要也

佛說四十二章經

總論

心經凡二百六十字字字分明言言諦當知者只觀本文便自有益註解支離反失正義雖去之可也

楞嚴經

性覺本覺妄覺

竊詳佛旨所謂性覺妙明本覺明妙者其老子之所謂道儒者之所謂無極也佛所謂妄覺者其老子所謂道生一儒者所謂無極而太極也至於世界衆生業果之

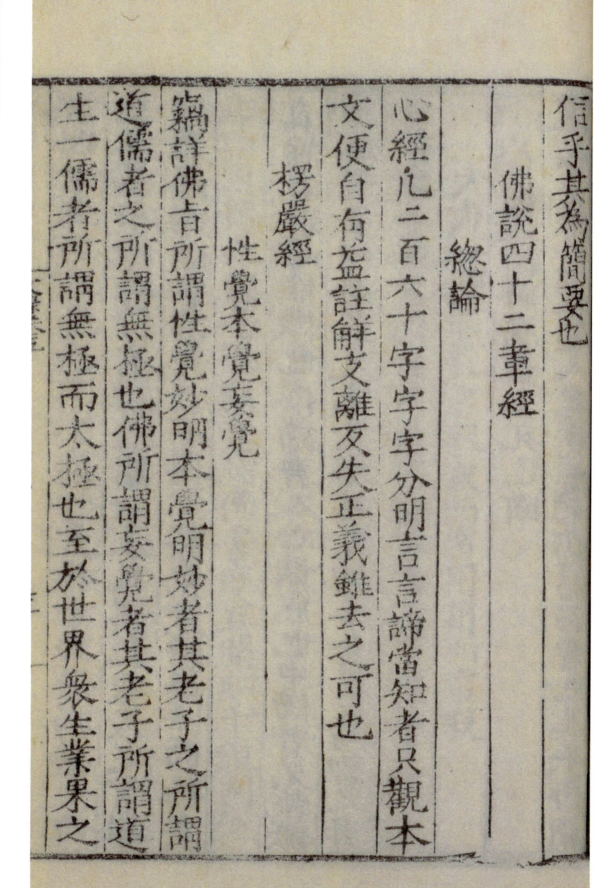

說則一生二二生三三生萬物太極生兩儀兩儀生四象五氣布四時行萬物生諸云云之謂也聖人之言雖詳畧淺深虛實小大之不同然其究竟指歸一而已矣

三諦

真諦者道心惟微也俗諦者人心惟危也中諦者允執厥中也老子曰無名天地之始其真諦乎有名萬物之母其俗諦乎兩者同出異名同謂之玄其中諦乎

大藏一覽

結解漏盡生死已斷

此八字乃三教聖人究竟處不約而同者也孔子曰朝

聞道夕死可矣即此生死已斷之意也學不至此決不
可以言聖
　心體本來常寂寂而常用用而常寂
世儒問曰說心動自負曰吾心學也其實曾見到此
境界
　心外無佛見佛是心一段
此論圓精然大迫隘竊意諸佛普度互照如千鏡同室
一有塵翳即內光不出外光不入塵去明見則內外之
光互發交映此固非往彼亦非來然其彼此為二固無
害也若執言本無化佛來迎只是自心變化却恐同於

幻見而非真諦矣

道德經中和集

金丹

只鍊內藥而不知外藥止可投胎奪舍其高者則為四果徒矣若止知外藥而不知內藥卻疾延年而已仙佛俱無分也內外兩全仙佛俱可

參同契

俞琰

俞君於此書用力勤矣惜其未見古文大易黃老爐火之分及經文箋註之別遂進一槩以丹道付之中間未免

牽合附會重複冗贅之失使讀者一時不得其要領亦
可恨也

龍虎經

妄照

佛者滅妄不滅照故經云諸幻滅已非幻不滅若如此
云物來不應則并滅照心矣禪伯恐不如此此二家相
非之說非定論也程子云廓然而太公物來而順應三教
真諦同歸於此非大善知識不足以語之

闢君子

總論

順渠子曰關尹子偽書也何也喜號嘗得道於老子者則其為書當與道德南華諸篇指意相出入而今不然徃徃雜取浮屠因果及後世方士冊經符籙諸伎術餖飣而成篇皆喜時所未嘗有者也且其言詞鄙俚體格偶儷絶不類先秦古文毫髪其為後世淺夫依托而為之者無疑

、得道之人

顔子心已進乎五時身僅階乎二候故夫子惜未見其止然以老子所謂死而不亡者壽言之則不害其為坐忘之極致也

悟真篇

玄牝之門世罕知

方士講修煉之術本屬一曲之見或是或非或清或濁不足與較其最可惡者妄引聖言以証已見如此篇所論玄牝是也老子玄牝是説何等道理此書引証是為何等物事豈止為侮聖言而已哉即此一端便當入拔舌地獄況敢望白日飛昇也耶

仙人

佛言十種仙人俱是人中煉心不脩正覺雖壽千萬歲報盡還來散入諸趣是未免於輪迴也若夫四果則漸

入無生法忍至阿羅漢去佛僅一等耳今此諸所云軒輊太過恐非定論

通論

世傳張平叔仙去意其所見必有度越流輩者及觀悟真前二卷所論龍虎坎離鉛汞交姤之説往往皆就色身識質上作用與世俗方士所見無異古人譬之金塔葬狗者也决非飛昇之妙至於終篇云云惓惓佛乘若有所得者而後序明露本意云世人根性迷鈍云云漸次導之乃知紫陽平生得力處全在於此鉛汞云云乃誘人之權教也學者悟此庶可以知仙佛無二道聖人

無兩心斯可謂之悟真矣

又

予讀悟真篇外集與其後序始得平叔本意已書其畧於左矣後見王陽明詩有書悟真篇二首愚見與之偶合因録於右以見至當歸一之處同有不約而同者云

世人根性迷鈍卒難了悟云云

一部悟真篇只此二句方是實話

鶴林玉露

象山拱

孔子曰游於藝又曰不有博奕者乎爲之猶賢乎已意

正以鼓舞人之精神也象山之見殆出於此

用相

朝廷用相當擇德尊望重衆推服者信而任之使之坐鎮雅俗表率群工如所謂正色率下罔不祗師言者斯乃治平之大體也不幸有過詐言官直指其事而不可過為攻訐以全大體斯可矣苟或非其人而徒籍臺諫紛紛攻訐以扶持之是豈國家之美事哉中庸曰尊賢則不惑擇相者當知之又曰敬大臣則不眩任相者當知之

悔

今北方之梅實似杏而稍酸花亦如杏而稍白人亦不甚貴之凡詩書所載皆此類也至於清香玉色冒雪凌寒如古人之所吟咏者皆江南庾嶺所産北人未之見也昔賢有詩云近日人傳庾嶺梅南枝開盡北枝開長安舊日原無此都是江南人送來正謂是耳

子房康節

子房康節皆是見得道理明白故於消息盈虛之運進退存亡之機處得省力此聖人分上事也何以謂之占便宜邪

順渠先生文録巻之五終